乐读 LEDU

国际中文阅读教学课本

5

主编 苏英霞
编著 王蕾 张娣

北京语言大学出版社
BEIJING LANGUAGE AND CULTURE
UNIVERSITY PRESS

© 2022 北京语言大学出版社，社图号 21157

图书在版编目（CIP）数据

乐读：国际中文阅读教学课本．5 / 苏英霞主编；
王蕾，张娣编著．－－北京：北京语言大学出版社，
2022.8（2024.10 重印）
ISBN 978-7-5619-5983-1

Ⅰ.①乐… Ⅱ.①苏… ②王… ③张… Ⅲ.①汉语-
阅读教学-对外汉语教学-教材 Ⅳ.① H195.4

中国版本图书馆 CIP 数据核字（2022）第 067269 号

乐读——国际中文阅读教学课本 5
LEDU——GUOJI ZHONGWEN YUEDU JIAOXUE KEBEN 5

英文审订：	张轶鋆
排版制作：	北京创艺涵文化发展有限公司
责任印制：	邝 天

出版发行：	北京语言大学出版社	
社　　址：	北京市海淀区学院路 15 号，100083	
网　　址：	www.blcup.com	
电子信箱：	service@blcup.com	
电　　话：	编 辑 部	8610-82303647/3592/3724
	发 行 部	8610-82303650/3591/3648
	北语书店	8610-82303653
	网购咨询	8610-82303908
印　　刷：	北京市金木堂数码科技有限公司	

版　次：	2022 年 8 月第 1 版	印　次：	2024 年 10 月第 4 次印刷
开　本：	889 毫米 × 1194 毫米 1/16	印　张：	12
字　数：	209 千字		
定　价：	58.00 元		

PRINTED IN CHINA

凡有印装质量问题，本社负责调换。QQ：1367565611，电话：010-82303590

前言

《乐读——国际中文阅读教学课本》是中文阅读技能训练教材，全套共6册，适应零起点到中高级水平学生的学习需求。

1. 编写理念

本教材以培养汉语学习者中文阅读能力为目标，针对汉语学习者中文阅读难点和阅读能力提升需要进行教材内容的设计与编写，突出阅读教材特色。我们认为，阅读教学的目的不能止于帮助学生读懂一篇文章，还要让学生学会怎样读懂一篇文章，通过有针对性的训练帮助学生提高中文阅读能力，即所谓"授之以渔"。阅读教材不同于一般读物，应为学习者阅读能力提升和教师进行阅读技能训练提供丰富而适用的学习和练习素材。

2. 教材特色

（1）定位明确，特色突出。本教材以阅读技能训练为核心，重视阅读理解能力的培养，基本不设口头表达等语言输出型练习。

（2）学、练素材丰富。本教材第一、二册为阅读入门阶段，以集中识字、提升词汇量为主，辅以句子和短文阅读，为进一步的阅读训练打下基础。从第三册开始，每课均包含"知识银行""技巧训练""阅读实践"三个主要板块，并针对细读、略读、查读几种阅读方式提供了相应的阅读材料，可以充分满足学生提升中文阅读能力时在语言知识积累、阅读技巧训练和阅读实践方面的需要。

（3）体裁、题材多样。为使学习者熟悉不同体裁和题材的中文阅读材料，本教材在课文体裁与题材的选择上注重多样化。课文体裁包括记叙文、应用文、议论文等，题材涉及学习、生活、自然、科技、社会与文化等多个方面。在"实况阅读"部分，还为学生提供了招牌、海报、启事、网络帖子等日常生活中随处可见的文字材料。

（4）训练层次清晰。本教材在体例设计上重视技能训练的科学性与层次性，从知识到技能再到实践，步步推进。在课文部分，教材提供了分步阅读指引，每个步骤均设计了有针对性的阅读理解练习，便于师生使用。

本教材的编者均有丰富的汉语教学经验，教材在正式出版之前在北京语言大学汉语速成学院速成系进行了五个学期的试用，并根据师生反馈的意见进行了多次修改。我们希望能够给大家呈现一套特色鲜明又好学易用的阅读教材，同时，也真诚地期待国际中文教育领域各位专家和同人关注这套教材并不吝赐教。

感谢各位作者的辛勤工作,感谢北京语言大学出版社对国际中文教材编写一如既往的支持和坚持不懈的努力,感谢为这套教材的编辑出版做出卓越贡献的编辑团队。

苏英霞
2021 年 4 月

本册使用说明

《乐读——国际中文阅读教学课本》是针对汉语学习者编写的阅读技能训练系列教材，按照难度等级分为六册。各分册在阅读材料主题选择、学习目标设定等方面各有侧重。本册为第五分册，目标群体为已完全掌握 HSK 一至四级词汇的汉语学习者，即词汇量在 3000 词左右的汉语学习者。本册教材旨在帮助准高级水平汉语学习者掌握并熟练运用相关阅读技巧，克服阅读较长篇幅汉语文章的畏难情绪，适应汉语篇章阅读，加深对相关主题的理解与思考。

1. 内容简介

本册包含十二课及两个阶段测试。课文体裁以介绍性说明文、科普性文章为主，内容涵盖学校教育、历史人物、科技与经济等主题，每一主题下选择有代表性、普适性的文章，从多个层面向学习者展示该主题文章的分析角度及阅读重点。所选文章尽可能做到结构清晰、语言平实而不失生动、符合说明文的典型特征，便于学习者在阅读同类汉语文章时能够迅速提取相关词汇并有效构建阅读图式，从而达到提升阅读能力的目的。在阅读材料的难度设置方面，课文主要覆盖 HSK 一至四级词汇，生词以 HSK 五级词汇为主，涵盖少量 HSK 六级词汇与超纲词汇。

在大框架上，教材体例主要包括知识银行、技巧训练和阅读实践三个板块。知识银行提取本课的常用字、常用书面词语和常用格式，对本课构词能力强的汉字进行释义和词语举例，对常见的书面词语和格式进行有针对性的例释。技巧训练则立足于汉语自身特点，结合本课课文，以实例展示的方式，使学习者从实践中体会并掌握常见的阅读技巧，如词义猜测、分词断句、推理归纳等。阅读实践部分为各课最重要的部分，由精读、泛读、实况阅读三部分组成，各部分课文主题统一但角度有所不同，三篇课文难度递减，课文编写时注重生词的复现。阅读实践的三个部分除课文外还配备了相关练习，主要包括重点字、词、句的阅读理解操练以及篇章结构的抽取与概括等，所有练习均用以检查和巩固学生对课文的理解。总体而言，本册教材在编写过程中力图达到层次清晰、步骤明了、便于使用的目的。

2. 教材使用建议

本册教材容量较大，内容广泛，练习丰富，既适用于学期制"长班"汉语学习者，也适用于寒暑期短期汉语进修生。

教学时，首先应突出阅读教学特色。具体而言，在阅读教学的形式上，应体现为"默读"与"朗读"的结合，对于部分课文，要让学生"能看、会念"，既要做到"见字知义"，又要做到"见字知音"，在阅读中加强学生汉字"音、形、义"的联结，真正实现汉字的"自动化加工"；在阅读技巧方面，应引导学生分析阅读材料的特点和阅读任务，根据实际需要，运用"略读""寻读"等技巧并达到较高的熟练程度；在阅读主题方面，应使学生形成主题词汇聚合，面对某个主题可以迅速联想到相关词语，为进一步阅读打下基础；在阅读课堂组织上，应始终贯彻"少讲多读"的原则，即通过给出典型语境、相似结构、同义词聚类等教学技巧，使学生在解决问题、回答问题的过程中体会并内化阅读技巧，避免通过枯燥的讲解为学生灌输"如何阅读"的思想。另外，还应注意阅读与其他技能的合理配合，可适当通过主题讨论、同类话题写作提纲书写训练等方法丰富阅读课内容，深化学生学习效果。

本教材基本按照通行的阅读课堂教学步骤编写，教师可按照教材中的相应步骤安排教学内容，以减轻设计教学环节的压力。课时分配建议如下：4课时完成一课，第1～2课时完成知识银行、技巧训练及阅读实践的精读部分；第3～4课时可首先对上次课的重难点词语、句子进行复习，然后完成阅读实践的泛读和实况阅读部分。由于三篇课文的难度递减，在时间安排上，精读课文教学用时应最长，建议在1课时以上，泛读课文在1课时以内，实况阅读在20分钟左右。教师也可以根据所学课文主题补充相应的阅读材料，使学习者能够接触到最新的、一线的信息，达到使用所学知识进行阅读的目的。

以上建议仅供参考，教师可根据学习者汉语水平、课程设置、教学条件等具体情况对教材中的设计安排进行灵活调整。在此诚挚欢迎广大专家、同人、汉语学习者对本册教材批评指导！

编者
2022年4月

目 录

第一课　学校教育　　1

知识银行
（一）常用字：1. 简　2. 称
（二）常用书面词语：于
（三）常用格式：1. 为……所……　2. 居……水平 / 居第……位

技巧训练
（一）查找地点词
（二）提取句子主要成分（1）

阅读实践
（一）精读：《走近哈佛大学》
（二）泛读：《家庭学校》
（三）实况阅读：《东海大学中文系大二秋季学期选课通知》

第二课　影响世界的人　　14

知识银行
（一）常用字：1. 违　2. 源
（二）常用书面词语：1. 所　2. 由
（三）常用格式：1. 正值……之际 / 时期　2. 自……之日（起）

技巧训练
（一）推测名词或名词短语的意思
（二）提取句子主要成分（2）

阅读实践
（一）精读：《"世界公民"利玛窦》
（二）泛读：《谁是最伟大的人？》
（三）实况阅读：名人名言

第三课　人体知识一二三　　26

知识银行
（一）常用字：1. 鸣　2. 仿
（二）常用书面词语：1. 并非　2. 亦
（三）常用格式：1. 与……有关 / 无关
　　　　　　　　2. 所谓……，是指 / 指的是……

技巧训练
（一）快速确定兼类词的词性
（二）理解含关联词语复句的意义

阅读实践	（一）精读：《说说"打哈欠"》 （二）泛读：《时差综合征》 （三）实况阅读：第三人民医院特色科室介绍

第四课　人类的记忆　38

知识银行	（一）常用字：1. 限　2. 交 （二）常用书面词语：1. 在于　2. 不已 （三）常用格式：1. ……，随之……　2. 与……相比，……更
技巧训练	（一）猜测对举结构中词语的意思 （二）寻找语篇中的指代成分
阅读实践	（一）精读：《记忆有技巧》 （二）泛读：《怀旧经济》 （三）实况阅读：《好书推荐》

第五课　生活中的塑料　52

知识银行	（一）常用字：1. 化　2. 隐 （二）常用书面词语：1. 毫无/毫不　2. 而 （三）常用格式：1. 固然……，但是/可是/却/而…… 　　　　　　　2.（由于）……，以致……
技巧训练	（一）推测并列结构词语的意思 （二）理解包含并列关系的句子
阅读实践	（一）精读：《塑料"全球化"》 （二）泛读：《纸币的替代品——塑料钞票》 （三）实况阅读：塑料制品上的数字

第六课　"低头族"　66

知识银行	（一）常用字：1. 族　2. 集 （二）常用书面词语：1. 类似　2. 处于 （三）常用格式：1. ……，进而……　2. ……难免……/……是难免的

技巧训练	（一）利用语素义推知词义 （二）理解多重复句内的逻辑关系
阅读实践	（一）精读：《手机的危害》 （二）泛读：《关于未来手机的猜想》 （三）实况阅读：第十届北京市科技博览会

阶段测试（一） 79

第七课　也说情商 84

知识银行	（一）常用字：1. 极　2. 泄 （二）常用书面词语：1. 令　2. 未必 （三）常用格式：1. ……，……反倒……　2. 凡是……都……
技巧训练	（一）利用标点符号理解句义 （二）理解流水句内的逻辑关系
阅读实践	（一）精读：《也说情商》 （二）泛读：《情商测试》 （三）实况阅读：《健康资讯》

第八课　招聘之道 98

知识银行	（一）常用字：1. 聘　2. 权 （二）常用书面词语：1. ……之道　2. 由此可见 （三）常用格式：1. ……以……而……　2. 宁可……也……
技巧训练	（一）通过词缀推知词义 （二）了解缩略语的形成途径
阅读实践	（一）精读：《招聘之道》 （二）泛读：《与人力资源负责人面对面》 （三）实况阅读：《平安汽车公司招聘启事》

第九课　租与售　112

知识银行
（一）常用字：1. 售　2. 资
（二）常用书面词语：1. 不亚于　2. 以来
（三）常用格式：1. ……，除此之外……　2. ……随着……而……

技巧训练
（一）掌握构词能力强的类词缀
（二）合理分词断句

阅读实践
（一）精读：《向我们走来的租房时代》
（二）泛读：《二手市场的昨天与今天》
（三）实况阅读：最新闲置品信息

第十课　经济学与日常生活　127

知识银行
（一）常用字：1. 费　2. 中
（二）常用书面词语：1. 倘若　2. 倾向（于）
（三）常用格式：1. A（不）仅限于B　2. A与B挂钩

技巧训练
（一）判断作者态度
（二）寻找语段中心句

阅读实践
（一）精读：《你会不会爱上经济学？》
（二）泛读：《哪里去找云吞面？》
（三）实况阅读：《全球数字经济规模迅速增长》

第十一课　中国电影百年　140

知识银行
（一）常用字：1. 演　2. 佳
（二）常用书面词语：1. 纵观　2. 均
（三）常用格式：1. ……标志着……　2. 再……不过

技巧训练
（一）根据上下文推测词义
（二）利用篇章结构把握逻辑关系

| 阅读实践 | （一）精读：《中国电影百年》
（二）泛读：《〈英雄〉影评》
（三）实况阅读：大众国际影城 2 月 19 日影讯 | |

| 第十二课 | 电子游戏去往何方 | 154 |

| 知识银行 | （一）常用字：1. 追　2. 预
（二）常用书面词语：1. 犹如　2. 唯恐
（三）常用格式：1. 就……而言　2. 如……一般 | |

| 技巧训练 | （一）理解双重否定结构
（二）识别排比句并理解句子意思 | |

| 阅读实践 | （一）精读：《电子游戏去往何方》
（二）泛读：《也说"电竞"》
（三）实况阅读：《〈风雨〉网络游戏防沉迷系统说明》 | |

| 阶段测试（二） | | 167 |

| 附录 | | 172 |

第一课　学校教育

哈佛大学（Hāfó Dàxué，Harvard University）是世界著名的大学，哈佛人自己骄傲地说"先有哈佛，后有美国"。你了解这所学校吗？

第一部分：知识银行

（一）常用字

1　简　jiǎn

形声字，由"⺮"和"间"两部分组成。"⺮"表示意义，即"竹"；"间"表示读音。本义指古代写了字的长竹片。

现代汉语中，"简"的常用义是"简单、不复杂"。常用作构词语素，一般不单独使用。

例：<u>简</u>便　<u>简</u>短　<u>简</u>历　<u>简</u>述

📝 练习：想一想画线词语的意思

（1）在这家医院的网站上，可以看到每位医生的<u>简介</u>。

（2）中午时间紧，咱们吃顿<u>简餐</u>，晚上再吃大餐。

（3）不要讲得那么复杂，要<u>化繁为简</u>。

2　称　chēng

形声字，繁体字写作"稱"，由"禾"和"爯"（chēng）两部分组成。"禾"表示意义，"爯"表示读音。"称"的本义指衡量物体重量的器具，中国古代计量单位多与农业生产有关，常用"禾"等做偏旁。

乐读 5

现代汉语中，"称"的常用义有"测定重量""说""叫"等。可独立成词，也常用作构词语素。

例：<u>称</u>重　<u>称</u>水果
　　<u>称</u>病　点头<u>称</u>是
　　自<u>称</u>　改<u>称</u>　<u>称</u>兄道弟

📝 练习：想一想画线词语的意思

（1）北京大学<u>简称</u>"北大"。
（2）<u>称</u>完体重发现又胖了不少，我决定从明天开始去健身房运动。
（3）西方人收到礼物的时候，一般当面打开并<u>连声称</u>好，表示感谢。
（4）刚刚发布的天气预报<u>称</u>，今天傍晚前后，全市有中到大雨。

（二）常用书面词语

于

（1）于+时间/地点/领域：在某个时间、地点、领域。
① 孔子生<u>于</u>山东。
② 我每月收入的一大部分用<u>于</u>租房。

（2）Adj+于……：比……Adj。
① 飞机的发明晚<u>于</u>汽车。
② 本路段车速不得高<u>于</u> 30 km/h。

（三）常用格式

1　为……所……：表示"被动"，"为"可理解成"被"，"所"没有具体意义。

（1）这种手机价格太高，很难<u>为</u>消费者<u>所</u>接受。
（2）酒后开车<u>为</u>法律<u>所</u>禁止。

2　居……水平／居第……位：表示在某个水平或位置。

（1）上海的经济实力<u>居</u>全国领先<u>水平</u>。
（2）在世界各大报纸、杂志及研究机构提供的科研成果排行榜上，哈佛大学经常<u>居第一位</u>。

第二部分：技巧训练

技巧（一）：查找地点词

在汉语句子中，"在""到""到达""于""从""往"等词后常接表示地点的成分，读句子时可以根据这些标志性的词语找到地点词。例如："华山是国家级风景名胜区，位于黄河中游的陕西省华阴市。"该句中"位于"一词之后的短语"黄河中游的陕西省华阴市"即为地点。

练习：画出下列句子中表示地点的词语

（1）在西湖景区，随处可见身穿汉服的年轻人。
（2）去往曲阜的乘客请注意，火车马上就要开了。
（3）飞机到达阿姆斯特丹的时间是下午五点一刻。
（4）我从白塔寺旁边的小胡同儿走，十分钟就能到。
（5）这两所著名的大学都位于美国东北部的马萨诸塞州。

技巧（二）：提取句子主要成分（1）

"S + V + O"是汉语中的一种重要句式，阅读长句时可以先尝试找到句子的主语、谓语和宾语，忽略定语、状语等成分，这样能较快地理解句子的主要意思。例如："我昨天去超市买东西的时候遇见了以前教我唱歌的老师。"该句的基本句义是"我遇见了老师"。

练习：读句子，选择正确答案

（1）哈佛大学为人类经济、医学、教育等诸多方面的发展做出了巨大贡献。

这句话主要介绍哈佛大学的：

A 发展
B 贡献
C 研究问题

（2）这篇最新发表的文章如实、具体、生动地描写了西部山区人民的生活。

这句话的主要意思是：

A 文章很生动
B 文章是最新的
C 文章写了一些人的生活

(3) 随着市场情况的变化，国际黄金价格已由去年的平均每克 365 元下降到今年的 340 元左右。

这句话的主要意思是：

A 市场情况变化了

B 去年物价水平很高

C 国际黄金价格下降了

第三部分：阅读实践

（一）精读

1 生词学习

1	简称	jiǎnchēng	V/N	to be abbreviated; abbreviation	北京大学简称"北大"。"北大"是北京大学的简称。
2	坐落	zuòluò	V	to be located	故宫坐落于北京市中心。
3	占地	zhàn dì		to cover an area (of)	这所大学占地一万亩。
4	诞生	dànshēng	V	to be born	诞生日；诞生于北京
5	积蓄	jīxù	N/V	savings; to save	一生的积蓄；积蓄力量
6	捐赠	juānzèng	V	to donate	捐赠图书；捐赠给学校
7	届	jiè	M	class (for meetings, graduating classes, etc.)	本届毕业生；上届奥运会
8	独立	dúlì	V/Adj	to be independent; independent	国家独立；独立思考
9	改革	gǎigé	V/N	to reform; reform	改革管理体制；一项改革
10	培养	péiyǎng	V	to bring up	培养学生；悉心培养
11	废除	fèichú	V	to abolish	废除旧制度；正式废除
12	评价	píngjià	V/N	to evaluate; evaluation	评价一个人；很高的评价
13	机构	jīgòu	N	institution	教育机构；研究机构
14	排行榜	páihángbǎng	N	ranking list	电影排行榜；歌曲排行榜
15	真理	zhēnlǐ	N	truth	一条真理；发现真理

| 16 | 人文 | rénwén | N | cultural activities in human society | <u>人文</u>科学；<u>人文</u>教育 |

2 热身练习

（1）快速找出下列句子中的本课生词

① 这所大学占地26平方千米。

② 哈佛先生把400多册图书捐赠给了这所学校。

③ 他表示，将继续参加下届"上海国际电影节"。

④ 以前的课程不适应新情况了，必须进行改革。

（2）选择合适的词语填空

　　　　　A 诞生　　B 坐落　　C 评价　　D 培养　　E 废除

① 天安门广场 _____ 于北京市中心。

② 20世纪80年代中期，一些不合理的简化字被 _____ 了。

③ 只根据考试成绩 _____ 学生，是不全面的。

④ 这是一所专门 _____ 法律专业学生的大学。

⑤ 中国最早的公立大学性质的学校 _____ 于19世纪末。

3 课文：走近哈佛大学

> 思考题：
> （1）"哈佛大学"这个名字是怎么来的？
> （2）哈佛大学对美国、对世界的影响有哪些？

1　哈佛大学，简称"哈佛"，坐落于美国东北部的马萨诸塞州（Mǎsàzhūsài Zhōu, Massachusetts），是著名的常春藤盟校（Chángchūnténg Méngxiào, Ivy League）成员，也是一所闻名世界的私立大学。该校占地约15平方千米，目前有13个学院。这里不仅走出了8位美国总统，还有上百位诺贝尔奖（Nuòbèi'ěr Jiǎng, the Nobel Prize）获得者曾在这里工作、学习过，其在文学、医学、法学、商学等多个领域有着广泛的影响力，被公认为当今世界最顶尖的高校之一。

2　哈佛大学诞生于1636年，是美国历史最悠久的高校，最初的校名为"新市民学院",但成立当年并未招生。1638年,牧师哈佛先生把一半的积蓄和400多册图书捐赠给这所学校,同年学校正式开学,第一届学生共9名。为纪念这位慷慨捐赠的牧师,学校于1639年改名为"哈佛学院"。1780年,哈佛学院正式改称"哈佛大学"。而美国于1776年独立,远远晚于哈佛建校,因此常常有人戏称"先有哈佛,后有美国"。

3　作为世界名校,哈佛大学在课程改革方面的经验始终为人们所称赞。起初,哈佛学院主要以培养牧师、律师等职业人员为目标,学生只能在"固定的时间"上"固定的课"。19世纪初开始,哈佛大学的自由选修课程制度逐渐发展起来,甚至一度只有英语和现代外语是必修课。学校认为这样可以在学习上给学生最大的选择自由,更为充分地发展学生的兴趣。这一制度效果明显,美国其他高校纷纷向其学习,减少或废除必修课,增加选修课,实行学分制。时至今日,哈佛大学的课程改革仍未停止,课程的丰富性、广泛性都令人叹为观止。据说,一个学院的课程简介就超过1000页。当然,教师对学生成绩的评价方式也非常灵活,可以是以下任何一种:按A、B、C、D、E五级计分,A为最高分;及格或不及格;满意或不满意;有学分或无学分。

4　科研方面,哈佛大学也居世界领先水平。哈佛大学每年用于科研的费用超过7亿5000万美元,还拥有世界上最多的科研捐赠款项。在世界各大报纸、杂志及研究机构提供的科研成果排行榜上,哈佛大学经常居第一位。人们熟知的GDP、DNA以及日常生活中使用的很多疫苗都跟哈佛大学有着密不可分的关系。可以说,哈佛大学为人类经济、医学、教育等诸多方面的发展做出了巨大贡献。

5　哈佛大学一直坚持"与真理为伴"的校训,鼓励独立思考、勤奋学习,要求学生既有专业知识,又有人文精神,用科学的方法发现真理、认识真理。虽然该校被认为是美国最难申请的大学之一,但能够进入哈佛学习仍是世界上无数学生的梦想。

(课文字数:956字)

▶ **第一步：通读课文，回答问题**

（1）"哈佛大学"这个名字是怎么来的？

_____

（2）哈佛大学对美国、对世界的影响有哪些？

_____

▶ **第二步：细读课文，完成练习**

（1）根据课文内容，选择正确答案

　①关于哈佛大学，下列哪种说法不正确？　　　　　　　　　　　　（第1、2段）

　　A 是一所私立大学　　　　　　　B 是美国最早的大学
　　C 哈佛先生是第一任校长　　　　D 现名是从1780年开始使用的

　②哈佛大学最初的目标是：　　　　　　　　　　　　　　　　　　（第3段）

　　A 发展学生兴趣　　　　　　　　B 进行科学研究
　　C 培养专门人才　　　　　　　　D 建成一流大学

　③关于哈佛大学的课程，下列哪种说法不正确？　　　　　　　　　（第3段）

　　A 学生能自由选择　　　　　　　B 课程安排十分丰富
　　C 课程改革一直在进行　　　　　D 大部分来自其他学校的经验

　④哈佛大学的科研水平高，主要表现在：　　　　　　　　　　　　（第4段）

　　A 科研成果多而且有用　　　　　B 用于科研的费用世界领先
　　C 是诺贝尔奖获得者最多的学校　D 为世界各国捐赠大量科研款项

　⑤关于哈佛大学对学生的希望，文中没有提到下列哪项？　　　　　（第5段）

　　A 实现梦想　　　　　　　　　　B 寻找真理
　　C 努力学习　　　　　　　　　　D 独立思考

（2）将各段和其主要内容连起来

　①第1段　　　　A 哈佛大学的校训
　②第2段　　　　B 哈佛大学的科研
　③第3段　　　　C 哈佛大学的课程
　④第4段　　　　D 哈佛大学的历史
　⑤第5段　　　　E 哈佛大学的概况

▶ **第三步：句义理解（读句子，判断意思理解是否正确）**

（1）美国于1776年独立，远远晚于哈佛建校。　　　　　　　　　　（第2段）

意思是：哈佛建校时间比美国独立时间晚。（   ）

（2）作为世界名校，哈佛大学在课程改革方面的经验始终为人们所称赞。（第3段）

意思是：人们认为哈佛大学的课程改革非常成功。（   ）

（3）19世纪初开始，哈佛大学的自由选修课程制度逐渐发展起来，甚至一度只有英语和现代外语是必修课。（第3段）

意思是：从19世纪开始，哈佛大学一直只有英语和现代外语是必修课。（   ）

（4）在世界各大报纸、杂志及研究机构提供的科研成果排行榜上，哈佛大学经常居第一位。（第4段）

意思是：哈佛大学的科研成果常常是世界一流的。（   ）

（5）人们熟知的GDP、DNA以及日常生活中使用的很多疫苗都跟哈佛大学有着密不可分的关系。（第4段）

意思是：人们熟悉的很多成果都跟哈佛大学有关系。（   ）

▶ **第四步：词义理解（根据上下文，选择画线词语的意思）**

（1）哈佛大学被公认为当今世界最<u>顶尖</u>的高校之一。　　　　（第1段）

　　A 达到最高水平的　　　　　　B 发展速度很快的

（2）哈佛大学诞生于1636年，但成立当年<u>并未招生</u>。　　　　（第2段）

　　A 并没有招生　　　　　　　　B 并不能招生

（3）常常有人<u>戏称</u>"先有哈佛，后有美国"。　　　　　　　　（第2段）

　　A 说假话　　　　　　　　　　B 开玩笑地说

（4）哈佛大学的课程改革仍未停止，课程的丰富性、广泛性都<u>令人叹为观止</u>。

　　　　　　　　　　　　　　　　　　　　　　　　　　　　（第3段）

　　A 让人感到吃惊　　　　　　　B 让人觉得非常棒

（5）科研方面，哈佛大学也居世界<u>领先</u>水平。　　　　　　　（第4段）

　　A 在最前面的　　　　　　　　B 发展最早的

▶ **第五步：朗读课文**

(二) 泛读

家庭学校

1　除公立学校、私立学校以外，在美国，儿童还可以不去学校，在家里学习，父母教孩子知识。这种教育方式被称为"家庭学校"。

2　在美国，家庭学校由来已久，最初主要出于安全等方面的考虑。到20世纪中期，越来越多的家长意识到家庭学校的好处，主动放弃学校教育，家庭学校因此迅速发展起来。目前，美国5～17岁在家"上学"的学生已经超过200万，相当于每30名中小学生中就有1名家庭学校的学生。

3　家庭学校在美国所有的州都是合法的，但各州的要求并不相同。有的州要求家长要有教育资格证明；有的州要求必须向当地教育部门报告；有的州对孩子完成课程和作业的时长有要求，家长必须保存孩子的学习计划、"考勤"情况、作业考试记录等，并定期接受教育部门的检查。当然，除了这些规定，各州还都会为家庭学校提供课程指导或组织交流活动，为家长提供支持。

4　虽然为自己的孩子设计合适的课程计划并不容易，而且很多专家担心家庭学校中的孩子"社交能力不够""学业成绩可能不好"，但是家庭学校更重视发展孩子的个性，家长和孩子之间的关系也更为密切，这些都是普通学校不及的长处。因而一些家长还是为孩子选择了这种教育方式，

生词：

1. 放弃　fàngqì　V
   to give up

2. 资格　zīgé　N
   qualifications

3. 部门　bùmén　N
   department

4. 个性　gèxìng　N
   individuality

家庭学校的学生人数也在逐年增长。

5 当然，希望家庭学校中的孩子在各方面都优于<u>常规</u>学校的学生，可能并不现实。家庭学校作为公立、私立学校的补充，为个性化教育打开了一扇门。但就像公立和私立学校都会走出成功和不那么成功、快乐和不那么快乐的学生一样，评价家庭学校也并不容易。对于自己的孩子来说，家庭学校的选择与否，需要家长充分思考。

（课文字数：571字）

5. 常规　chángguī　Adj
conventional, regular

1 根据课文内容，选择正确答案

（1）关于家庭学校，下列哪种说法不正确？　　　　　　　　　　　　（全文）

　　A 家长教孩子知识　　　　　　B 是一种私立学校
　　C 学生可以完全不去学校　　　D 是美国的一种教育方式

（2）第2段主要介绍了家庭学校的哪两个方面？　　　　　　　　　　（第2段）

　　A 环境和管理　　　　　　　　B 面积和人数
　　C 长处和短处　　　　　　　　D 历史和现状

（3）关于美国各州家庭学校的情况，下列哪种说法正确？　　　　　　（第3段）

　　A 各州对家庭学校的要求一样
　　B 各州都为家庭学校提供帮助
　　C 有的州规定家庭学校不合法
　　D 有的州要求学生定期去学校

（4）家庭学校学生人数增长的重要原因是：　　　　　　　　　　　　（第4段）

　　A 课程设计简便　　　　　　　B 促进孩子社交
　　C 很多专家推荐　　　　　　　D 重视个性发展

（5）作者认为，家庭学校：　　　　　　　　　　　　　　　　　　　（第5段）

　　A 比常规学校好　　　　　　　B 容易使学生不快乐
　　C 不一定适合所有家庭　　　　D 可以培养更多成功的学生

2 根据上下文,选择画线词语的意思

(1) 家长必须保存孩子的学习计划、"考勤"情况、作业考试记录等,并定期接受教育部门的检查。　　　　　　　　　　　　　　　　　　(第3段)

　　A 决定日期　　　　B 每个星期　　　　C 按照一定的时间

(2) 当然,希望家庭学校中的孩子在各方面都优于常规学校的学生,可能并不现实。　　　　　　　　　　　　　　　　　　　　　　　　(第5段)

　　A 比……好　　　　B 没有……好　　　C 跟……一样好

(3) 对于自己的孩子来说,家庭学校的选择与否,需要家长充分思考。 (第5段)

　　A 选择不选择　　　B 能不能得到　　　C 是不是同意

3 讨论

你认为"家庭学校"适合什么样的家庭、什么样的孩子?

(三)实况阅读

东海大学中文系大二秋季学期选课通知

选课须知:

1. 本学期至少应完成2门必修课的学习;
2. 本学期至少应完成10学分的课程;
3. 选修课少于5人不开课,最多不超过25人;
4. 网上选课系统将于9月3日0:00开通,9月7日12:00关闭,选课期间可退课、换课。

选课表

课程编号	课程名	课类	学分	上课时间				
				星期一	星期二	星期三	星期四	星期五
02030011	现代汉语	必修课	4	3~4节			5~6节	
02030021	古代汉语	必修课	4		5~6节		7~8节	
02030032	汉语写作	必修课	2					1~2节

（续表）

课程编号	课程名	课类	学分	上课时间				
				星期一	星期二	星期三	星期四	星期五
02030070	现代汉语词汇学	必修课	2	7~8节				
02031540	中国古代文化	必修课	2	1~2节				
02033360	中国古代文学	选修课	3	5~7节				
02030330	大学英语（三）	选修课	2				5~6节	
02031090	大学日语（一）	选修课	2		3~4节			
02061542	大学法语（一）	选修课	2		3~4节			
02031543	中国书法	选修课	2	7~8节				
02033861	网球（入门）	选修课	1					3~4节
02043865	游泳（高级）	选修课	1				5~6节	
02631598	篮球	选修课	1				7~8节	

上课时间：
1~2节 8:00—9:50；3~4节 10:10—12:00；
5~6节 13:00—14:50；7~8节 15:00—16:50

1 读后选择正确答案

（1）关于选课要求，下列说法正确的是：
　　A 可以只上选修课　　　　　　　B 可以只上必修课
　　C 网上选课后不能换课　　　　　D 每个学生最多能上10门课

（2）下列哪项是必修课？
　　A 古代汉语　　　　　　　　　　B 中国书法
　　C 大学法语（一）　　　　　　　D 中国古代文学

（3）该校本学期提供了几门外语课？
　　A 2门　　　　　B 3门　　　　　C 4门　　　　　D 5门

（4）从时间上看，下列哪两门课可以一起选？
　　A 古代汉语、汉语写作　　　　　B 中国古代文学、中国书法
　　C 现代汉语、大学英语（三）　　D 大学英语（三）、游泳（高级）

（5）如果本学期选修游泳课，考试通过以后，学生可以得到多少学分？

　　　A 1学分　　　　　B 3学分　　　　　C 5学分　　　　　D 10学分

2　根据要求完成下表

小李爱好运动，请按照选课要求为他选择几门课。

必修课：

选修课：

总学分：

第二课　影响世界的人

16世纪，有一个意大利人来到中国，他促进了东西方之间文化的交流。你知道这个人是谁吗？我们一起来了解一下儿吧。

第一部分：知识银行

（一）常用字

1　违　wéi

形声字，由"辶"和"韦"（wéi）两部分组成。"辶"表示意义，有"行走、离去"的意思；"韦"表示读音。本义为"离开、背离"。

现代汉语中"违"的常用义是"不遵照、不按照……做"。常用作构词语素，一般不单独使用。

例：违法　违约　违反

练习：选择合适的词语填空

　　　　　A 违背　　B 违心　　C 事与愿违

（1）我本来想帮他一把，结果_____，给他添了不少麻烦。

（2）这篇文章确实写得不好，我肯定不能_____说好。

（3）中小学教育中应特别注意尊重人的个性和特点，不能强行_____孩子的意愿。

2　源　yuán

字形上面的部分为"厂"，表示山石，也就是水流出的地方。"源"的本义就是"水所出之处"。

现代汉语中，"源"沿用本义，也引申为"事物、情况开始的地方"。常用作构词语素，一般不单独使用。

例：源头　水源地　饮水思源

　　病源　电源　来源

第二课 影响世界的人

📝 练习：想一想画线词语的意思

（1）汉语中的"沙发"一词源自英语。
（2）中国的剪纸文化源远流长。
（3）长江发源于中国西部的青藏高原。

（二）常用书面词语

1 所：用在"所+V+的（+N）"结构中，整个结构修饰名词或者代替名词，一般出现在书面语中。

（1）利玛窦所绘制的世界地图对中国乃至亚洲都影响深远。
（2）他知道妻子为照顾家庭所付出的努力。

2 由："由+时间/处所/范围等"结构中，"由"常表示动作的起点，有"自、从"的意思。

（1）由此往北步行200米，即可到达动物园。
（2）我们两个爱书人坐在一起，交谈也就由书开始了。

（三）常用格式

1 正值……之际／时期：正好在……的时候。

（1）父亲住院，儿子读大学，正值用钱之际，他却失业了。
（2）他回国那年，正值国内经济上升时期，各行各业都急需专业人才。

2 自……之日（起）：从……时候（开始）。

（1）本店商品自购买之日90天内可退换。
（2）这个国家所有老人自年满60周岁之日起，可以享受免费医疗服务。

第二部分：技巧训练

技巧（三）：推测名词或名词短语的意思

汉语里很多名词或者名词短语的结构是"修饰语+中心语"，可理解为"……的+N"。例如："茶店"的意思是"卖茶的商店"，"雪人"的意思是"用雪做成的人"。

乐读 5

📝 **练习：猜一猜画线词语的意思**

（1）上下班的时候，这几条<u>人行道</u>非常拥挤。

    A 人很多的路　　　　　　　　B 给行人走的路

（2）他父亲曾经是当地最有名的<u>药商</u>。

    A 做药品买卖的商人　　　　　B 从事药物研究的医生

（3）这次"中外学生社会实践活动"的<u>发起人</u>并不是在校学生，而是一位刚刚毕业的研究生。

    A 一起参加活动的人　　　　　B 最早提出搞活动的人

技巧（四）：提取句子主要成分（2）

汉语中有的句子没有动词，由形容词充当谓语，构成"主语 + Adj"的句式。阅读这样的句子时，可以直接找到主语和主要的形容词，整句的基本意义是"谁 / 什么 + 怎么样"。比如"从历史上来看，这幅地图的影响十分深远"，这句话的主要意思是"影响深远"。

📝 **练习：读句子，选择正确答案**

（1）她的脸红得跟个熟透的苹果似的。

    这句话的主要意思是：

    A 她的脸很圆

    B 她的脸很红

    C 熟透的苹果很红

（2）这里所有品牌的笔记本电脑都比网上卖得贵一倍多。

    这句话的主要意思是：

    A 网上也卖电脑

    B 笔记本电脑的品牌很多

    C 这里的电脑比网上卖得贵

（3）他每次跟老板说话的时候都紧张得要命。

    这句话的主要意思是：

    A 他跟老板都很紧张

    B 他经常跟老板说话

    C 跟老板说话时，他很紧张

第三部分：阅读实践

（一）精读

1 生词学习

1	风格	fēnggé	N	style	穿衣风格；风格独特
2	违背	wéibèi	V	to violate	违背意愿；违背原则
3	结合	jiéhé	V	to combine	中西医结合；结合实际情况
4	撰写	zhuànxiě	V	to write (essays, papers, books, etc.)	撰写论文；撰写报告
5	此外	cǐwài	Conj	besides	我有三门必修课，此外，还选了两门选修课。
6	字母	zìmǔ	N	letter, letters of an alphabet	大写字母；字母表
7	方案	fāng'àn	N	program, scheme	工作方案；制订方案
8	概念	gàiniàn	N	concept	新概念；数学概念
9	来源	láiyuán	V/N	to originate (from); source	来源于古代；主要来源
10	震撼	zhènhàn	V	to shock	震撼人心；受到震撼
11	拓展	tuòzhǎn	V	to expand	拓展市场；拓展知识
12	推动	tuī//dòng	VC	to promote, to push forward	推动工作；推动社会发展
13	卓越	zhuóyuè	Adj	outstanding, brilliant	卓越的成绩；卓越的贡献

2 热身练习

（1）词语搭配

①
撰写　　经济发展
拓展　　毕业论文
推动　　国内市场

②
建筑　　风格
数学　　字母
大写　　概念

（2）选择与画线词语意义相近的词语

① 现代汉语中的很多词语都能在中国古代著作中找到来源。

　　A 出处　　　　B 例子　　　　C 同义词

乐读 5

② 这一震撼人心的发明<u>推动</u>了人类经济、医学、教育等诸多方面的发展。

  A 决定   B 促进   C 带来

③ 他为中外文化交流做出了<u>卓越</u>的贡献。

  A 一般   B 出色   C 很多

3 课文："世界公民"利玛窦

> 思考题：
> （1）利玛窦对中国和世界的贡献有哪些？
> （2）人们怎么评价利玛窦？

1 在北京南城，有一座与周围建筑风格迥然不同的大教堂——宣武门天主堂，这是北京历史最悠久、最古老的一座教堂。修建这座教堂的最初发起人，是对近代东西方文化交流做出重大贡献的意大利人——利玛窦（Lìmǎdòu，Matteo Ricci，1552—1610）。

2 利玛窦，原名玛提欧·利奇，公元1552年出生于一个药商家庭。父亲希望利玛窦学习法律，他却违背了父亲的意愿，来到了异国他乡——中国。

3 利玛窦到达中国时，正值中国明代（Míngdài，Ming Dynasty，1368—1644）社会稳定、经济大发展的时期，一些中国人对外来文化也充满了好奇。初到中国，利玛窦不仅给自己起了一个地道的中文名，还苦学汉语，研究中国的礼仪习俗和传统文化。利玛窦对与拼音文字完全不同的汉字非常感兴趣，结合以往学习外语的经验，经过勤学苦练，他的汉语水平短时间内便突飞猛进。依靠过目不忘、倒背如流的能力，他不但口语很棒，写作能力也相当出众。

4 有了语言的帮助，利玛窦撰写了大量影响深远的著作。《交友论》是他用汉语写的第一部书，书中收录了西方很多名人关于友谊的格言。此书自完成之日起便受到很多文人的喜爱，至今仍是经典。此外，他还用汉语编写了语言学等人文科学方面的书籍。值得一提的是，他在《西字奇迹》一书中首先尝试用西方的拉丁字母给汉字标注读音，并且总结了一套方案，可以说是汉语拼音的"鼻祖"。

5　科技方面，利玛窦用汉语翻译、撰写或与他人合著了大量地理、数学、天文方面的著作。现代汉语中的许多数学概念，比如"三角形""圆""点"等都来源于利玛窦的著作；日常生活中常用的"星期"等词也是利玛窦创造的。他所绘制的世界地图对中国乃至亚洲都影响深远，这是中国历史上第一幅世界地图，大大震撼了当时的中国人。人们通过这幅地图，知道了美洲与欧洲，改变了"中央之国"的想法，拓展了有关世界的知识。这幅地图也被介绍到日本，推动了日本地理学的发展，今天在日本东北大学的图书馆还可以看到它的复制本。

6　除了将西方的文化、科技引入中国，利玛窦还通过写信、翻译中国经典书籍将中国的人文、地理情况介绍到欧洲。欧洲人由此开始全面了解中国的政治、经济及思想文化，并在西方开启了研究汉学的热潮。

7　正是由于在中外文化交流方面所做出的卓越贡献，利玛窦在中外多国都得到了很高的评价。日本一位著名作家认为，利玛窦是"将欧洲的技术和中国的古典学问集于一身的巨人"，是"地球上出现的第一位'世界公民'"；美国《生活》杂志则将他评为1000—1999年这一千年间最有影响力的百位名人之一。

（课文字数：991字）

▶ 第一步：通读课文，回答问题

（1）利玛窦对中国和世界的贡献有哪些？

_____

（2）人们怎么评价利玛窦？

_____

▶ 第二步：细读课文，完成练习

（1）根据课文内容，判断对错（在括号中填"对""错"或"没提到"）

① 利玛窦亲自修建了北京历史最悠久、最古老的教堂。（第1段）(　　)

② 来中国前，利玛窦给自己起了个中文名字。（第3段）(　　)

③ 明代以前，中国没有标注汉字读音的方法。（第4段）(　　)

④ 利玛窦为汉语创造了很多新词，很多词现在还在使用。（第5段）(　　)

⑤ 利玛窦回欧洲后继续研究汉学。（第6段）(　　)

⑥ 利玛窦到过世界各国，因此被称为"世界公民"。（第7段）(　　)

乐读 5

（2）根据课文内容，简要填写下表

姓名	利玛窦
生卒（zú）年	
国籍	
代表性著作	
对中国的贡献	
对欧洲的贡献	
人们的评价	

▶ 第三步：句义理解

（1）利玛窦对与拼音文字完全不同的汉字非常感兴趣，结合以往学习外语的经验，经过勤学苦练，他的汉语水平短时间内便突飞猛进。依靠过目不忘、倒背如流的能力，他不但口语很棒，写作能力也相当出众。　　　　　　　　　　（第3段）

这段话的主要意思是，利玛窦学习汉语：

A 经常忘、要复习　　　　　　　B 记得快、学得好

C 没有足够的时间　　　　　　　D 比学习拼音文字快

（2）这是中国历史上第一幅世界地图，大大震撼了当时的中国人。人们通过这幅地图，知道了美洲与欧洲，改变了"中央之国"的想法，拓展了有关世界的知识。　　　　　　　　　　　　　　　　　　　　　　　　　　（第5段）

关于那幅世界地图，下列哪种说法不正确？

A 让当时的中国人很震撼

B 是中国出现的第一幅世界地图

C 中国人因此知道了世界上很多地方

D 从此中国人知道了美洲在世界的中央

（3）除了将西方的文化、科技引入中国，利玛窦还通过写信、翻译中国经典书籍将中国的人文、地理情况介绍到欧洲。欧洲人由此开始全面了解中国的政治、经济及思想文化，并在西方开启了研究汉学的热潮。　　　　　　　（第6段）

这段话中，"此"是指：

A 西方科技、文化发展时

B 利玛窦从中国回到欧洲时

C 研究汉学的热潮在世界兴起时

D 中国的人文、地理情况被介绍到欧洲时

▶ 第四步：词义理解（将词语与相应的意思连起来）

（1）过目不忘　　A 本国或故乡以外的地方

（2）迥然不同　　B 可以流利地从后往前背诵，形容对内容很熟悉

（3）突飞猛进　　C 看一下儿就记住了，而且不会忘

（4）倒背如流　　D 完全不一样

（5）异国他乡　　E （进步、发展）非常快

▶ 第五步：朗读课文

（二）泛读

谁是最伟大的人？

1　"谁是最伟大的人？"

2　这是18世纪著名哲学家们曾经认真讨论过的一个问题。这也引出了一个相关的问题，即在世界上曾经有不计其数的人生活过，他们当中究竟有哪些人影响了历史进程？

3　本书是我对该问题的回答，我相信我在书中列出的100位是历史上最有影响力的人。必须说明的是，我所注重的是这些人在历史上的影响，而不是他本人是否伟大。无论善恶，无论有名与否，无论高贵低微，他们都不平常。正是他们，影响了我们的生活，塑造了我们今天的世界。

生词：

1. 哲学家　zhéxuéjiā　N
philosopher

2. 进程　jìnchéng　N
course, process

3. 塑造　sùzào　V
to shape, to portray

乐读 5

4 关于选择的条件，我认为首先应该确有其人，当然这个很难把握。比如说《伊索寓言》(《Yīsuǒ Yùyán》, Aesop's Fables)的作者伊索，是否真实存在过呢？对于这些不确定的问题，我只能进行有根据地"猜测"。其次，无名者也不在排行榜中。例如，文字的发明者虽然非常重要，但是因为是无名者，所以不在选择范围内。另外，影响必须是世界性的，那些只有地区性影响的人也不能进入名单。

5 排名时，我将注意力放在他或她所参与的历史活动上。先看这一活动的影响，再看其中某个人的<u>功绩</u>。有些活动的参与者很多，但其中如果没有一个贡献特别<u>突出</u>的人，那么本书不会将这些参与者列进来。

6 值得一提的是，女性对于人类社会发展的贡献是巨大的，但是她们的功劳常常被忽视。本书的名单中只提到了两位女性，我不想以增加几个名字的方式，<u>掩饰</u>女性在历史上不受尊重的事实。本书根据真实的历史撰写，而不是无理由的推测和猜想。

7 我建议读者自己也写一个排行榜——不管是最有影响的、最杰出的，还是在某个领域中最优秀的，我相信你一定会发现这项工作趣味无穷。你选择的人物没必要与我相同，但是一旦开始这

4. 功绩 gōngjì N
merits and achievements

5. 突出 tūchū Adj
outstanding, prominent

6. 掩饰 yǎnshì V
to cover up

项工作，你就会发现拥有了一个全新的看待历史的视角。

（课文字数：679字）

本文改编自海南出版社2014年3月出版的《影响人类历史进程的100名人排行榜》，[美国]麦克·哈特著，赵梅、韦伟、姬虹译

1　根据课文内容，选择正确答案

（1）这篇课文最可能来自：

　　A 一本书　　B 一份报纸　　C 一本杂志　　D 一个电视广告

（2）《影响人类历史进程的100名人排行榜》的主要内容是：

　　A 讨论谁可以被称为名人

　　B 当今世界上的伟人排序

　　C 介绍人类对历史发展的影响

　　D 列出并介绍影响历史发展的人

（3）下列哪项不是作者选择历史人物的标准？

　　A 有名有姓　　B 确实有这个人　　C 有世界性影响　　D 做过很多好事

（4）《影响人类历史进程的100名人排行榜》中提到的女性很少，主要是因为在历史上女性：

　　A 贡献较少　　B 人数不多　　C 不受尊重　　D 没有影响

（5）作者认为，读者自己写排行榜，可以：

　　A 让自己更优秀　　　　　　B 换一个角度看历史

　　C 发现本书的合理之处　　　D 改变历史学家的研究方法

2　从课文中找出相应意思的四字词语

（1）第2段中意思是"非常多、数不清"的词语：＿＿＿＿＿＿＿＿

（2）第4段中意思是"真的有这个人"的词语：＿＿＿＿＿＿＿＿

（3）第7段中意思是"非常有乐趣"的词语：＿＿＿＿＿＿＿＿

乐读 5

3 讨论

小组讨论后列一个排行榜，可以是当今世界上最有影响力的 5 个人或者最了不起的 5 家公司，并说明选择和排序的标准。

（三）实况阅读

名人名言

开诚布公与否和友情的深浅，不应该用时间的长短来衡量。
〔法国〕巴尔扎克

兴趣是最好的老师。
〔美国〕爱因斯坦

富贵固然和友谊的好坏无关，但是贫穷却最能考验朋友。
〔英国〕莎士比亚

求知是人类的本性。
〔古希腊〕亚里士多德

读书有三到，谓心到、眼到、口到。
〔中国〕朱熹

知之为知之，不知为不知，是知也。
〔中国〕孔子

读后选择正确答案

（1）这些名人名言主要是关于友谊和_____的。

　　A 工作　　　　B 学习　　　　C 成功　　　　D 爱情

（2）上面有_____条名言来自中国。

　　A 2　　　　　B 3　　　　　　C 4　　　　　　D 5

（3）亚里士多德的名言认为，人们希望_____。

　　A 一直学习知识　　　　　　B 对朋友提要求

　　C 改变自己的性格　　　　　D 知道自己的目标

第三课　人体知识一二三

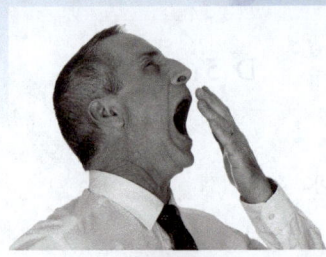

中国有句谚语叫"一人哈欠九人跟",意思是不动脑子、盲目从众。生活中,我们也常常因为身边的人打哈欠而跟着打,这到底是什么原因呢?科学家们又怎么看待这种现象呢?

第一部分：知识银行

（一）常用字

1　鸣　míng

会意字,左边是"口",右边是"鸟"。本义是"鸟叫"。

现代汉语中,"鸣"的常用义为"鸟兽、动物叫",引申为"发出声音、表述"。可独立成词,也常用作构词语素。

例：鸟鸣　鸡鸣　鸣叫
　　鸣响　鸣谢　孤掌难鸣

📝 练习：想一想画线词语的意思

（1）半夜山里安静极了,只是偶尔能听见一两声虫鸣。

（2）我最近经常出现耳鸣的情况。

（3）这次运动会上他一鸣惊人,获得了男子长跑第一名。

（4）班长的话说出了我们的心声,引起了大家的共鸣。

2 仿 fǎng 仿

形声字，左边是形旁"亻"（人），右边的"方"表示读音。古代汉语中的"方"有"并列"的意思，因此"仿"字的本义是"相似"。

现代汉语中，"仿"的常用义为"类似、像、差不多"，也常用来表示"照着（做）"。可独立成词，也常用作构词语素。

例：相仿　仿佛（fǎngfú，seem, as if）
　　模仿　仿制

📝 练习：想一想画线词语的意思

（1）我跟同屋年龄相仿，有很多共同语言。
（2）这家店主要卖仿古家具。
（3）读完这篇文章以后，我也仿写了一篇。

（二）常用书面词语

1 并非：强调"不是"。

（1）金钱并非世界上最重要的东西。
（2）他所说的并非事实。

2 亦：也。

（1）利玛窦汉语口语很好，用中文写的文章亦相当出众。
（2）在中国传统文化中，不同的颜色有不同的意义，在西方文化中亦是如此。

（三）常用格式

1 与……有关／无关：和……有／没有关系。

（1）一个人健康与否通常与他的生活习惯有关。
（2）请将与考试无关的东西放进书包。

2 所谓……，是指／指的是……："人们说的……意思是……"，常用于解释某个词语。

（1）所谓黄金周，是指国家规定的7天长假。

（2）所谓"超薄本"，指的是厚度很小的笔记本电脑。

第二部分：技巧训练

技巧（五）：快速确定兼类词的词性

汉语中一些词有多个词性，比如：有的词既可以做动词，也可以做名词；有的词既可以做形容词，也可以做副词；等等。这种词叫作"兼类词"。不同词性的兼类词在句子中的意思不同，有时区别还很大。例如："哈佛大学在课程改革方面的经验比较丰富"，这句中的"比较"是副词，表示"具有一定的程度"；"跟其他高校比较起来，哈佛大学在课程改革方面的经验很丰富"，这句中的"比较"是动词，表示"跟……比"。确定句中兼类词的词性对于理解句义有重要的作用，一些常用技巧可以帮助我们快速确定兼类词词性，比如："量词、的"后边通常是名词，"一下儿、一会儿、起来、过来"前边通常是动词，形容词前边可能出现副词，等等。

📝 练习：选出与例句中画线词语词性相同的一项

（1）打哈欠是一种本能反应，跟心跳、呼吸一样，不完全受人控制。

　　A 说到哲学，不少人的第一反应可能是很深奥、难懂。

　　B 面对商业竞争对手，一定要快速反应，才能迅速占领市场。

　　C 他踢球的速度很快，守门员还没有反应过来，球就进了球门。

（2）每个人打哈欠的过程是基本一致的。

　　A 这些数学概念是最基本的，应该先掌握。

　　B 他的工资能满足一家人基本的生活需求。

　　C 我们厂在生产经营方面的改革已基本完成。

（3）人们在晨起后往往会哈欠不止，这样脑细胞能逐渐兴奋起来，使大脑进入工作状态。

　　A 这个问题的解决方案不止一个。

　　B 他撰写的论文不止涉及哲学领域。

　　C 没能得到心爱的玩具，孩子一直哭闹不止。

技巧（六）：理解含关联词语复句的意义

汉语里有很多关联词语，如"虽然……但是……""因为……所以……"等。阅读时看到一个关联词语应该很快想到与之搭配的关联词语，这对于理解前后分句的关系很有帮助，因此应该尽可能多地掌握关联词语。

📝 练习：读句子，选择正确的关联词语

（1）如果你了解一些电脑知识，也许自己_____可以解决这个问题。
　　A 就　　　　　　B 不　　　　　　C 再

（2）这个城市的公共交通非常方便，游客即使不会开车，_____能很容易地到达目的地。
　　A 才　　　　　　B 就　　　　　　C 也

（3）一个人越容易满足，就_____容易感到快乐。
　　A 更　　　　　　B 越　　　　　　C 又

（4）尽管家庭学校有很多优点，大部分家庭_____选择送孩子去普通学校。
　　A 还是　　　　　B 就是　　　　　C 只是

（5）有时候消费者选择某个商品不是因为这个东西好，_____因为大家都买。
　　A 并非　　　　　B 总是　　　　　C 而是

第三部分：阅读实践

（一）精读

1 生词学习

1	瞥	piē	V	to shoot a glance at	瞥一眼；瞥见
2	抑制	yìzhì	V	to repress, to restrain	抑制悲伤；抑制不住
3	肌肉	jīròu	N	muscle	肌肉发达；肌肉紧张
4	伸展	shēnzhǎn	V	to extend, to stretch	伸展双臂；向远处伸展
5	缓解	huǎnjiě	V	to alleviate	缓解疼痛；缓解紧张
6	松弛	sōngchí	Adj	slack, flabby	皮肤松弛；肌肉松弛
7	情形	qíngxing	N	situation	这种情形；当时的情形
8	细胞	xìbāo	N	cell	白细胞；脑细胞
9	反应	fǎnyìng	V/N	to react; reaction	反应过来；第一反应
10	呼吸	hūxī	V	to breathe	呼吸新鲜空气；呼吸困难
11	夸张	kuāzhāng	Adj	exaggerated	夸张的语言；夸张的表情

乐读 5

12	刻意	kèyì	Adv	painstakingly, meticulously	刻意安排；刻意练习
13	阻止	zǔzhǐ	V	to prevent	阻止对方；阻止不住
14	模仿	mófǎng	V	to imitate	模仿明星；善于模仿
15	共鸣	gòngmíng	N/V	resonance; to resonate	产生共鸣；二者共鸣

2 热身练习

（1）选择正确的汉字填空

① 打哈欠是正常的人体反_____（A 应　B 映）。
② 动物也会模_____（A 仿　B 防）人类的一些动作。
③ 孩子出生以后，脑细_____（A 泡　B 胞）仍在继续增加。
④ 每次说到这里她都会流泪，难以_____（A 抑　B 迎）制自己的感情。
⑤ 这首歌能迅速走红，主要是因为歌词引起了很多年轻人的共_____（A 鸣　B 鸣）。

（2）选择合适的词语填空

　　　　A 瞥　　B 缓解　　C 夸张　　D 刻意　　E 情形

① 适当运动可以_____工作和学习带来的压力。
② 课堂上，我_____见一个同学正在打哈欠。
③ 由于对那个城市印象不好，出差或旅行时他会_____避开那里。
④ 毕业五年了，跟同学们一起上课的_____还记忆犹新。
⑤ 虽然这个笑话很有意思，但是你笑得也太_____了。

3 课文：说说"打哈欠"

思考题：
（1）人什么时候会打哈欠？
（2）打哈欠为什么会"传染"？
（3）哪种人容易被别人的哈欠"传染"？

1　课堂上，你瞥见一个同学正在打哈欠，自己也跟着打了一个；一群人坐在会议室开会，旁边的人打哈欠，你看见了，想努力不打，可是却往往抑制不住。

生活中，被别人哈欠"传染"的情况不在少数，打哈欠的人也可能为此感到尴尬。但如果你了解了打哈欠的来龙去脉，也许就不会再为打哈欠这件事自责或责备别人了。

2　讨论打哈欠会"传染"这一问题之前，先说说与打哈欠有关的知识。每个人打哈欠的过程是基本一致的：嘴巴张开，深吸一口气，下巴与全身的肌肉也跟着伸展开，然后深呼一口气。吸气迅速而及时地缓解了大脑缺氧的问题，呼气则将二氧化碳尽可能多地呼出体外。打一次哈欠大约要六秒钟，在这期间人"闭目塞听"，全身肌肉完全松弛。

3　如果睡眠不足或劳累过度，人就会接二连三地打哈欠，这是大脑在不断地吸收氧气，同时也是在提醒人们，大脑和身体的各个部分已经疲劳，在这种情形下应该尽量停下工作去休息；晨起后往往也会哈欠不止，这样脑细胞能逐渐兴奋起来，使大脑进入工作状态。打哈欠是一种本能反应，跟心跳、呼吸一样，不完全受人控制。

4　由于以上种种原因，科学家认为，打哈欠并非因为懒或者觉得无聊，而是为了使大脑保持清醒。科学家也提醒我们，久坐、长时间工作会使身体疲倦，此时可以主动、夸张地打一个哈欠，去除大脑的困倦感，尽量不要刻意阻止打哈欠。

5　回到原来的问题上，打哈欠到底为什么会"传染"呢？

6　研究表明，人的眼睛看到别人的动作，会先在大脑中模仿一遍，就像照镜子一样，然后可能会表现出来。比如，我们看到别人的脚被踩，可能也会跟着叫"哎哟"；听见别人咳嗽，自己可能也会觉得嗓子不舒服，甚至也会咳嗽一声。打哈欠亦是如此，一个人打了，看到、听到的人也会不由自主地照做，这就是被"传染"了。但并不是所有人都会被别人的哈欠"传染"。研究者通过实验证明，被"传染"打哈欠是移情能力的表现。所谓移情，就是理解他人感受并产生共鸣。一个人越是能对别人的事情感同身受，就越容易被哈欠"传染"。一般认为，4岁以下的儿童几乎不会被周围人的哈欠"传染"，这是由于这一年龄段的儿童还没有形成足够强的移情能力，无法理解和体会他人的感觉。

乐读 5

7　打哈欠作为一种奇妙的人体反应，人们对它还所知甚少。研究者们仍在不断努力，希望能对它有更全面的了解。

（课文字数：915字）

▶ **第一步：通读课文，回答问题**

（1）人什么时候会打哈欠？

_____

（2）打哈欠为什么会"传染"？

_____

（3）哪种人容易被别人的哈欠"传染"？

_____

▶ **第二步：细读课文，完成练习**

（1）根据课文内容，判断对错（在括号中填"对""错"或"没提到"）

①人们常常被别人的哈欠"传染"。（第1段）(　　)

②打哈欠的时候，人的肌肉很紧张。（第2段）(　　)

③早上起床后不停地打哈欠是因为睡眠不足，大脑还需要继续休息。（第3段）
(　　)

④科学家认为，打哈欠不是因为人觉得无聊了。（第4段）(　　)

⑤"移情"就是想办法把自己的感情告诉别人。（第6段）(　　)

⑥是否会被别人的哈欠"传染"与性别有关。（第6段）(　　)

（2）选择各段的主要内容

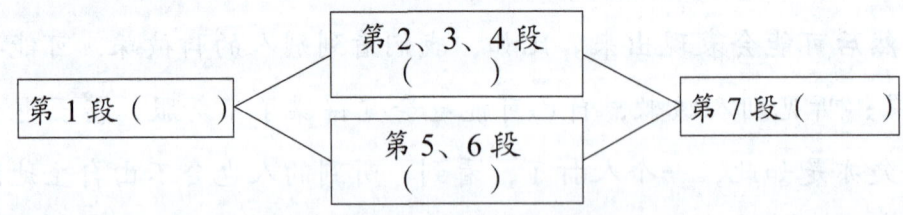

A　打哈欠"传染"的原因

B　生活中有打哈欠"传染"的现象

C　研究者们仍在努力研究人"打哈欠"的问题

D　打哈欠的基本知识：打哈欠的过程、作用和原因

▶ **第三步：句义理解（读句子，简要总结意思并填空）**

（1）（打哈欠时）吸气迅速而及时地缓解了大脑缺氧的问题，呼气则将二氧化碳尽可能多地呼出体外。　　　　　　　　　　　　　　　　　　　　　（第2段）

打哈欠有两个作用，分别是：＿＿＿＿＿＿＿、＿＿＿＿＿＿＿。

（2）如果睡眠不足或劳累过度，人就会接二连三地打哈欠，这是大脑在不断地吸收氧气，同时也是在提醒人们，大脑和身体的各个部分已经疲劳，在这种情形下应该尽量停下工作去休息。　　　　　　　　　　　　　　　　　　　（第3段）

人接二连三地打哈欠有两个作用，分别是：＿＿＿＿＿＿＿、＿＿＿＿＿＿＿。

（3）研究表明，人的眼睛看到别人的动作，会先在大脑中模仿一遍，就像照镜子一样，然后可能会表现出来。比如，我们看到别人的脚被踩，可能也会跟着叫"哎哟"；听见别人咳嗽，自己可能也会觉得嗓子不舒服，甚至也会咳嗽一声。打哈欠亦是如此，一个人打了，看到、听到的人也会不由自主地照做，这就是被"传染"了。　　　　　　　　　　　　　　　　　　　　　　　　　　　　　（第6段）

在三种情形下，大脑会模仿他人动作并表现出来，分别是：＿＿＿＿＿＿＿＿＿＿＿＿＿＿＿＿＿＿＿＿、＿＿＿＿＿＿＿＿＿＿＿＿＿＿＿、＿＿＿＿＿＿＿＿＿＿＿＿＿＿＿。

▶ **第四步：词义理解**

（1）将词语与相应的意思连起来

　　①所知甚少　　　A 自己不能控制自己

　　②不由自主　　　B 好像自己经历过一样

　　③闭目塞听　　　C 知道得很少

　　④感同身受　　　D 不听不看

　　⑤来龙去脉　　　E 连续不断地

　　⑥接二连三　　　F 事情的起因和经过

（2）从课文中找出包含下列意思的词语

　　①上课时的教室：＿＿＿＿＿＿＿（第1段）

　　②累：＿＿＿＿＿＿＿、＿＿＿＿＿＿＿、＿＿＿＿＿＿＿、＿＿＿＿＿＿＿（第3、4段）

　　③去掉、不要：＿＿＿＿＿＿＿（第4段）

　　④别人做什么自己就做什么：＿＿＿＿＿＿＿、＿＿＿＿＿＿＿（第6段）

　　⑤也是这样：＿＿＿＿＿＿＿（第6段）

▶ **第五步：朗读课文**

（二）泛读

时差综合征

1　对大多数坐飞机跨时区旅行的人来说，身体或多或少会觉得不舒服，这就是"时差综合征"的表现。所谓时差综合征，就是人们在跨时区飞行并经历昼夜颠倒后表现出来的身体疲劳、思考能力下降和睡眠不好等一系列症状，严重者甚至会耳鸣、腹泻、呕吐，无法正常工作和学习。时差综合征症状的严重程度一般与时差的小时数有关：当飞行超过4个时区时，大多数人就开始出现明显症状；时差每增加一个小时，时差综合征完全消失的时间大约会增加一天。

2　对于一般人来说，时差综合征没什么大不了的，但对于频繁跨时区出差、工作、旅行的人来说，肥胖、患高血压等疾病的风险会更高。不仅如此，还有研究者发现，严重的时差综合征会对大脑造成一些影响，比如短时记忆能力下降、部分认知能力受到损害等。

3　随着国际旅行的不断增多，预防和缓解时差综合征的需求也越来越多。非常遗憾的是，直到目前为止，虽然已经有了一些改善睡眠、减轻时差综合征的药物，但实际上科学家和医学家都没有找到有效的、理想的办法解决这个问题。专家提出，可以尝试通过以下三种办法加快恢复：飞行前一个月，坚持每天定时定量地运动，这样既

生词：

1. 综合征　zōnghézhēng
　　N　syndrome

2. 颠倒　diāndǎo　V
　　to turn upside down

3. 症状　zhèngzhuàng
　　N　symptom

4. 频繁　pínfán　Adj
　　frequent

5. 认知　rènzhī　V
　　to cognize

6. 损害　sǔnhài　V
　　to damage

可以增强体质，减少旅途劳累，还能很好地减轻时差带来的影响；飞行中尽量保持平静，不兴奋，多休息，少喝酒和咖啡；到达目的地后，有意识地多晒太阳，使生物钟能够更快地<u>调整</u>到当地状态。

4 此外，科学家们在研究时差综合征时也发现了一些有趣的事实。例如，女性要比男性更容易受到时差综合征的影响，人们向西旅行比向东旅行更容易从时差综合征中恢复过来等。这些研究结果对于人们认识、<u>应对</u>时差综合征都有很大的帮助。利用这些知识，我们可以更好地安排时间，做好准备工作，减轻出行的心理压力，降低时差综合征对健康的影响。

（课文字数：704字）

| 7. 调整 | tiáozhěng | V | to adjust |

| 8. 应对 | yìngduì | V | to deal with |

1 根据课文内容，选择正确答案

（1）根据第1段，下列关于时差综合征的说法正确的是：
　　A 是一种严重的疾病　　　　B 只要跨时区就会出现
　　C 长途飞行的人都会出现　　D 消失的时间与时差有关

（2）时差综合征对人体的影响不包括：
　　A 身材可能更胖　　　　　　B 失去认知能力
　　C 得病的风险更高　　　　　D 短时记忆能力下降

（3）对一般人来说，时差综合征：
　　A 危害很大　　　　　　　　B 完全没问题
　　C 严重影响生活　　　　　　D 不是太大的问题

（4）跨时区飞行出现时差综合征以后，加快恢复的方法是：
　　A 睡觉　　　　B 喝酒　　　　C 运动　　　　D 晒太阳

（5）跟时差综合征严重程度相关的因素不包括：
　　A 性别差异　　B 压力大小　　C 飞行距离　　D 飞行方向

乐读 5

2 根据时区图判断，人们在下列哪段行程结束后时差综合征可能最严重

A 大阪→伦敦　　　　　　　　　　B 北京→纽约
C 巴黎→莫斯科　　　　　　　　　D 旧金山→北京

西二区	西一区	零时区	东一区	东二区	东三区	东四区	东五区	东六区	东七区	东八区	东九区	东十区	东十一区	东西十二区	西十一区	西十区	西九区	西八区	西七区	西六区	西五区	西四区	西三区
		伦敦	巴黎		莫斯科					北京	大阪							旧金山			多伦多、纽约		

3 讨论

你或你的家人、朋友有没有经历过时差综合征？是如何解决这一问题的？

（三）实况阅读

第三人民医院特色科室介绍

特色科室名称	治疗病种
呼吸内科	急性咳嗽、慢性咳嗽、慢性肺病、病毒性肺炎、小儿咽喉炎、哮喘等
血液科	贫血、白细胞减少症、急性白血病、血小板减少等
心理科	心理疾病：轻中度抑郁症、焦虑症、强迫症、考前或赛前紧张综合征等 睡眠障碍性疾病：失眠、睡眠呼吸暂停综合征
心血管内科	高血压、心律失常、先天性心脏病、风湿性心脏病、冠心病、心衰、心肌炎、心肌梗死、心肌缺血等

（续表）

特色科室名称	治疗病种
神经内科	脑梗死、脑出血、偏头痛、脑炎、脑膜炎、脊髓炎、癫痫、痴呆等
耳鼻喉科	耳部疾病：中耳炎、耳鸣、外耳炎、耳聋、听力障碍等 鼻部疾病：急性鼻炎、慢性鼻炎、鼻窦炎、鼻息肉、过敏性鼻炎、鼻部整形等 咽喉疾病：喉炎、慢性咽炎、扁桃体炎、鼾症（打呼噜）等
眼科	近视、远视、色盲、干眼症、夜盲症、失明、弱视、散光等

读后选择正确答案

（1）下列哪项不是这个医院的特色科室？

  A 眼科   B 外科

  C 呼吸内科   D 神经内科

（2）小李考试之前非常紧张，天天睡不好觉，心情不好，应该去看_____。

  A 血液科   B 心理科

  C 心血管内科   D 神经内科

（3）老张咳嗽已经一个多月了，吃了一些药，但是没有用，应该去看_____。

  A 呼吸内科   B 耳鼻喉科

  C 神经内科   D 心血管内科

（4）小丁打呼噜打得非常厉害，影响同屋休息，同屋建议他去医院看_____。

  A 眼科   B 耳鼻喉科

  C 呼吸内科   D 神经内科

第四课　人类的记忆

"哎呀！我又忘了！"生活中，你是不是经常这样说？你会为了总是记不住汉字和生词而苦恼吗？怎样才能记后不忘呢？

第一部分：知识银行

（一）常用字

1 限 xiàn

形声字，左边的"阝"表示意义，指"土山"，右边的"艮"（gèn）表示"限"字的古代读音。"限"的本义是"阻隔"（zǔgé，to separate, to cut off）、"界限"。

现代汉语中，"限"表示"一定的范围"。常用作构词语素，或用在固定格式中，比如"……不限"。

例：有<u>限</u>　无<u>限</u>　<u>限</u>制　<u>限</u>度

📝 练习：想一想画线词语的意思

（1）20岁以上均可报名，男女<u>不限</u>。
（2）商场将举办<u>限</u>时抢购活动。
（3）这张信用卡的消费<u>限</u>额是每月一万元人民币。

2 交 jiāo

象形字，字形像人两腿交叉的样子。本义是"交叉"或"交错"。

现代汉语中，"交"除了沿用"交叉"的本义外，还引申为"连接、相互"等意思。可独立成词，也常用作构词语素。

例：交界 交点 交换 交流

📝 练习：想一想画线词语的意思

（1）他总是一个人吃饭、旅行、上下班，很少跟别人交往。

（2）这座山位于河北、山西两省之交。

（3）这家公司主要开展二手车交易方面的业务。

（二）常用书面词语

1 在于：（事情的本质、关键等）在……（方面）。

（1）我这次面试失败的原因在于没有认真准备。

（2）幸福与否不在于钱多钱少。

2 不已：不停，一直。

（1）他最近为找工作的事烦恼不已。

（2）球队在比赛中的表现让球迷兴奋不已。

（三）常用格式

1 ……，……随之……：表示随着某事的发生而出现或变化。

（1）网络购物越来越普遍，网络信息安全问题也随之凸显。

（2）听到父亲手术成功的消息，她心中的紧张、不安都随之消失了。

2 与……相比，……更……：两者或多者比较，后者在某方面的程度更高。

（1）与爬山相比，我更喜欢跑步。

（2）与大城市相比，小城镇的生活更让人放松。

第二部分：技巧训练

技巧（七）：猜测对举结构中词语的意思

汉语在表达上讲究对称，在一些前后对举的语句中，处在相同位置上的词语在意义上常常有相近或相反的关系，阅读时可利用这一特点推测词义。比如，"（这条路）东到人民公园，西

乐读 5

至学院路"中,"东""西"都是方向,"到""至"都是动词,"人民公园""学院路"都是地点。阅读时,可以根据"到"的意思推测出"至"的意思。另外,汉语熟语中这类对举式表达更常见,比如"上有老,下有小""人往高处走,水往低处流"等。

📝 **练习:解释画线词语的意思**

(1) 在熟悉的地方我能分清东西南北,但在<u>陌生</u>的地方我常常分不清方向。

(2) 你的例子太<u>抽象</u>了,能不能举一个具体的?

(3) 找工作并不是<u>单向</u>选择,而是用人单位和求职者双向选择的结果。

(4) 天气一直冷或一直热都不容易感冒,冷热<u>交替</u>最容易感冒。

(5) 我们花了好大力气也没解决的问题,他<u>轻而易举</u>就解决了。

技巧(八):寻找语篇中的指代成分

汉语常用的指代词有"这、这些、这样、那、那时、他、自己"等,这些指代词把一个个独立的句子衔接起来,形成语义连贯的语段或语篇。比如:"50秒记住一副打乱顺序的扑克牌,5分钟记住近200个陌生人名,15分钟记住300多个抽象图形,1小时记住上千个无序数字……<u>这些</u>在常人看来根本无法实现的任务,对于世界记忆锦标赛的一些参赛选手来说,却是轻而易举的事情。"指示代词"这些"把前边独立的四个小句与后边的内容衔接起来,"这些"指的是前边四个独立小句的所有内容。

阅读时准确地从前文或后文中找到指代词所指的信息,有助于我们快速准确地理解整个语段或语篇的意思。

📝 **练习:读句子,选择正确答案**

(1) 提起垃圾分类的好处,不少人都能说出一二,比如减少环境污染、便于回收利用资源等等。但在实际生活中,仍然有一些人因为怕麻烦而不愿意<u>这样做</u>。
一些人不愿意做什么?

A 回收利用资源　　　　　　　　B 减少环境污染

C 进行垃圾分类　　　　　　　　D 提起垃圾分类的好处

(2) 很多时候,我们习惯了朋友的存在,理所当然地接受着他们的关心和帮助,却忘了友谊是需要尊重和珍惜来维系的。如果不在意朋友的感受,我们随时都有可能伤害到他们,<u>其时</u>再想让关系恢复,就很难了。
句中的"其时"指的是:

A 友谊存在的时候　　　　　　B 珍惜友谊的时候
C 朋友关心你的时候　　　　　D 伤害到朋友的时候

（3）坐高铁时，如果你不小心坐过站了，不要出高铁站，马上与高铁乘务员联系，他们会安排你乘坐就近的列车返程，<u>这</u>是高铁的"售后"服务，不必再付钱买票。

句中画线的"这"指的是：

A 不要出高铁站　　　　　　B 不小心坐过站
C 与高铁乘务员联系　　　　D 乘坐就近的列车返程

第三部分：阅读实践

（一）精读

1 生词学习

1	技巧	jìqiǎo	N	skill, technique	演唱技巧；训练技巧
2	本领	běnlǐng	N	ability, capability	有本领；本领很强
3	训练	xùnliàn	V/N	to train; training	训练记忆力；加强训练
4	智力	zhìlì	N	intelligence	智力水平；智力高低
5	背景	bèijǐng	N	background	家庭背景；教育背景
6	关键	guānjiàn	N/Adj	key, crux; crucial	问题的关键；关键时刻
7	限度	xiàndù	N	limit	消费的限度；最大限度
8	开发	kāifā	V	to develop, to exploit	开发大脑；开发市场
9	建立	jiànlì	V	to establish, to set up	建立国家；建立关系
10	宫殿	gōngdiàn	N	palace	一座宫殿；豪华的宫殿
11	刺激	cìjī	V	to stimulate	刺激大脑；刺激消费
12	形象	xíngxiàng	Adj/N	vivid; image	形象地说明；卡通形象
13	强调	qiángdiào	V	to emphasize	强调重点；反复强调
14	交替	jiāotì	V	to alternate	冷热交替；交替出现
15	偶然	ǒurán	Adj/Adv	accidental, by chance; occasionally	偶然发现；偶然发出一声

乐读 5

2 热身练习（选择合适的词语填空）

（1）　　　　　A 关键　　B 限度　　C 智力　　D 背景

研究表明，人类的记忆力与教育___①___和___②___水平没有直接关系，提高记忆力的___③___在于通过专业训练最大___④___地开发、利用大脑。

（2）　　　　　A 随之　　B 刺激　　C 建立　　D 形象

记忆新信息时，我们可以运用想象力，在新信息和已经熟悉的内容之间___①___起某种联系。这样每次想到熟悉的内容时，新信息也会___②___出现。想象越___③___，越夸张，就越能___④___记忆，从而记得更快、更清楚。

3 课文：记忆有技巧

> 思考题：
> （1）可以通过训练提高记忆力吗？
> （2）用什么方法可以记得又快又好？

1　50秒记住一副打乱顺序的扑克牌，5分钟记住近200个陌生人名，15分钟记住300多个抽象图形，1小时记住上千个无序数字……这些在常人看来根本无法实现的任务，对于世界记忆锦标赛的一些参赛选手来说，却是轻而易举的事情。究竟是什么使他们拥有过目不忘的本领呢？

2　获奖选手小周坦言，和大多数参赛选手一样，他并非记忆天才，反而曾为记性差而苦恼不已。之所以能在锦标赛中获奖，是因为他找到了合适的训练方法，记忆力随之突飞猛进。科学家也曾指出，记忆力与智力水平、教育背景没有直接关系，提高记忆力的关键在于通过技巧训练最大限度地开发、利用大脑。

3　与传统的死记硬背相比，小周推荐的几个记忆技巧可能更加科学有效。"大家可以试试建立'记忆宫殿'，就是通过想象，将新信息与熟知信息联系起来。以'利玛窦公元1552年出生，明代来到中国，撰写了《交友论》等著作'这句话为例。记忆其中的'时间、朝代、书名'三个新信息时，要先在头脑中选定三个熟悉的'宫殿中的地点'，如家中的'大门、厨房、客厅'，然后将新信息与熟悉的地点两两联系起来。比如可以想象你住在155层2号房间，所以大门上写着'1552'（记忆时间）；你家厨房有很多灯，非常明亮（记忆朝代）；你在客厅交到了新朋友（记忆书名）。想象越夸张，越能刺激记忆。当各种信息建立好联系后，在脑海中走过熟悉的地点时，新信息也会很形象地依次出现。"小周还特别强调，建立起整齐有序、印象深刻的"宫殿"至关重要，特别是记忆大量内容的时候。

4　"另外，我们了解到，在记忆的过程中，所记内容之间有互相抑制的作用。特别是中间的内容，会受到前后内容的双向影响；而开头和结尾的内容只受到单向影响，因此最容易记忆。"小周给我们举了一个例子：有人做过实验，一次记完一篇较长的文章大约需要6小时，如果将文章分为几部分，每天记一些，仅需约3小时。"这是因为，将一篇文章分为几部分后，增加了开头和结尾，缩短了中间的内容，减弱了抑制作用，就会记得又快又好。"根据记忆的这一特点，我们可以使用如下技巧：背生词时将较难的放在头尾；复习时，不同种类的课程交替进行；多在早晨和晚上记东西；每记忆半小时到一小时就休息一会儿。

5　最后，小周告诉我们，他偶然发现，与别人争论过的内容大多记得比较清楚。"这可能是因为争论时精神更紧张，注意力更集中，争论时的情景容易像电影画面一样留在人的脑海中。所以，如果大家有记不住的内容，可以试试跟朋友们聊聊，你会发现聊过之后，这些内容就不容易忘掉了。"

（课文字数：1007字）

▶ **第一步：通读课文，回答问题**

（1）可以通过训练提高记忆力吗？

_____

（2）用什么方法可以记得又快又好？

_____

乐读 5

▶ **第二步：细读课文，完成练习**

（1）根据课文内容，判断对错（在括号中填"对""错"或"没提到"）

①世界记忆锦标赛的选手可以记住很多普通人无法记住的内容。（第1段）
（   ）

②参加比赛的选手大多数从小就是记忆天才。（第2段）（   ）

③科学家认为，人的智力水平越高，记忆力越好。（第2段）（   ）

④"记忆宫殿"是一座真实的宫殿，里面有客厅和卧室。（第3段）（   ）

⑤记忆较长的文章时，分几个部分记忆往往效果更好。（第4段）（   ）

⑥跟朋友一起看电影是训练记忆力的好方法。（第5段）（   ）

（2）根据课文内容，选择正确答案

①世界记忆锦标赛的选手要记忆的内容不包括下列哪项？（第1段）

    A 抽象图形　　　　　　　　B 陌生人名

    C 无序数字　　　　　　　　D 外语单词

②小周的记忆力突飞猛进的原因是什么？（第2段）

    A 智力水平提高了　　　　　B 找到了合适的训练方法

    C 教育背景丰富了　　　　　D 找到了死记硬背的技巧

③下列哪项不是科学的记忆技巧？（第3、4段）

    A 在客厅、卧室等熟悉的地方记忆

    B 通过与别人交流记忆较难的内容

    C 将难记的内容安排在记忆过程的开头或结尾

    D 将要记忆的陌生信息与熟悉的信息联系起来

▶ **第三步：句义理解**

（1）提高记忆力的关键在于通过技巧训练最大限度地开发、利用大脑。（第2段）

根据这句话，提高记忆力的关键是：

    A 学习技巧　　　B 找到训练方法　　　C 开发、利用大脑

（2）记忆其中的"时间、朝代、书名"三个新信息时，要先在头脑中选定三个熟悉的"宫殿中的地点"，如家中的"大门、厨房、客厅"，然后将新信息与熟悉的地点两两联系起来。（第3段）

根据这句话，下列"两两联系"正确的是：

    A 大门和厨房　　　B 时间和朝代　　　C 书名和客厅

（3）小周还特别强调，建立起整齐有序、印象深刻的"宫殿"至关重要，特别是记忆大量内容的时候。　　　　　　　　　　　　　　　　　　　　（第3段）

根据这句话，记忆大量内容的时候要先做什么？

A 记住其中最重要的内容

B 建造一个整齐、干净的房子

C 在头脑中准备好"记忆宫殿"

（4）在记忆的过程中，所记内容之间有互相抑制的作用。特别是中间的内容，会受到前后内容的双向影响。　　　　　　　　　　　　　　　　　　　（第4段）

根据这句话，在记忆"充电器、蔬菜、象征、自由"这些词时，受影响比较大的词是：

A 充电器　　　　　B 蔬菜　　　　　C 自由

（5）复习时，不同种类的课程交替进行；多在早晨和晚上记东西；每记忆半小时到一小时就休息一会儿。　　　　　　　　　　　　　　　　　　　（第4段）

根据这句话，下列哪种复习方法效果最好？

A 40分钟历史→休息10分钟→40分钟数学→休息10分钟→40分钟汉语

B 40分钟数学→休息10分钟→40分钟汉语→40分钟历史→休息10分钟

C 40分钟汉语→休息10分钟→40分钟汉语→休息10分钟→40分钟历史

（6）这可能是因为争论时精神更紧张，注意力更集中，争论时的情景容易像电影画面一样留在人的脑海中。　　　　　　　　　　　　　　　　　　（第5段）

这句话的主要意思是：

A 争论的情景像电影一样有趣

B 人们对争论的情景印象深刻

C 人们争论或看电影时都要用大脑

▶ 第四步：词义理解

（1）从课文中找出跟下列词语意义相反或相对的词语

① 具体 —— _____（第1段）

② 熟悉 —— _____（第1段）

③ 杂乱 —— _____（第3段）

④ 开头 —— _____（第4段）

⑤ 经常 —— _____（第5段）

乐读 5

(2) 为画线词语选择恰当的解释

① 1小时记住上千个无序数字。　　　　　　　　　　　　　　　　（第1段）

  A 不到一千个　　　　　　　　B 一千个以上

② 究竟是什么使他们拥有过目不忘的本领呢？　　　　　　　　　（第1段）

  A 看过一遍就不会忘　　　　　B 过去的事情都不会忘

③ 他找到了合适的训练方法，记忆力随之突飞猛进。　　　　　　（第2段）

  A 进步特别快　　　　　　　　B 突然进步

④ 与传统的死记硬背相比，小周推荐的几个记忆技巧可能更加科学有效。

  　　　　　　　　　　　　　　　　　　　　　　　　　（第3段）

  A 不理解、强行记忆　　　　　B 随随便便地记

⑤ 当各种信息建立好联系后，在脑海中走过熟悉的地点时，新信息也会很形象地依次出现。　　　　　　　　　　　　　　　　　　　　（第3段）

  A 只有一次　　　　　　　　　B 按照顺序

(3) 按照下面的两种分类，将给出的词语归类

  A 科学家　　B 指出　　C 坦言　　D 选手
  E 天才　　　F 强调　　G 争论　　H 常人

表示"人"的词语	
表示"说"的词语	

▶ 第五步：朗读课文

(二) 泛读

怀旧经济

1　想起小时候住过的老房子，你会不会想回去看看？看到小时候玩儿过的玩具，你是否会兴奋不已？据调查，在30岁以上的人群中，被问到是否怀旧时，有近93%的人给出了肯定答案。很多商家也正是在人们的怀旧情感中看到了商机，并从衣食住行等各个方面最大限度地进行市场开发，推出了多种怀旧产品和服务。目前有不少人，特别是"70后""80后"，对这种消费有着强烈的热情，他们认为买的不仅是产品，更是记忆和快乐。

2　（1）介绍："近年来的几本畅销书都跟怀旧和记忆有关，被拍成电影以后，书的销量更是突飞猛进。另外，一些年代久远的原版故事书也特别火，虽然价格普遍较高，却是书界藏友们的最爱。"

3　（2）说："现在很多老电影都在拍续集，虽然人们对续集的水平时有异议，但大家还是纷纷去电影院观赏。我认为人们对续集之所以热情不减，正是因为它满足了大家的怀旧心理。"

4　目前很多网店都在经营怀旧产品，而且销量一直不错。很多买家不但找到了自己童年的回忆，还结识了不少同龄朋友。怀旧产品能够减少同龄人之间的陌生感，拉近大家的距离。不过，也有很多消费者坦言，一些怀旧产品的样子没什么变化，价钱却增长了好几倍。"70后"的黄涛对此表

生词：

1. 怀旧　huáijiù　V
to remember the past or old acquaintances

2. 畅销　chàngxiāo　V
to sell well, to have a ready market

3. 原版　yuánbǎn　N
original edition

4. 续集　xùjí　N
sequel

乐读 5

示理解:"有的是贵了点儿,不过现在的物价跟以前比也增长了。我认为最关键的不在于价钱,而在于这些怀旧产品的价值,它帮人们把美好的记忆由抽象变得具体了。"

5 (3)指出:"美好的记忆能让人放松心情,增加人们的满足感,让人们更加乐观。因此,在生活和事业压力增大的今天,怀旧就成了人们减轻压力的好方法。另外,怀旧电影、音乐、游戏等产品大多数都是经典,具有很高的审美价值。这也是怀旧产品从过去到现在一直受到人们喜爱的原因之一。"

6 不过面对如此火爆的怀旧市场,有人热情,也有人冷淡。后者认为有的东西只能留在记忆里,在现实中被形象化之后就失去了新鲜感,反而破坏了记忆的美好。近期,一些曾经火爆的怀旧餐厅由于客人越来越少而不得不关门,这个现象也正好支持了后者的说法。关于这一问题,经济学家强调:"怀旧产品往往不是生活必需品,很容易昙花一现,流行一段时间后就失去了吸引力。因此,怀旧经济如果想走得更远,还需要与现实联系起来,在经典中增加一些新的东西。"

(课文字数:891字)

5. 价值 jiàzhí N value

6. 审美 shěnměi V to appreciate the beautiful

7. 火爆 huǒbào Adj prosperous

1 根据课文内容,为课文中的画线空白部分选择合适的人物形象

_____(1)　　A 一位电影评论者
_____(2)　　B 一位书店的销售人员
_____(3)　　C 一位心理学家

2 根据课文内容，选择正确答案

（1）本文的主要内容是什么？　　　　　　　　　　　　　　　　　　　　　（全文）
　　A 喜欢怀旧的人有哪些特点
　　B 怀旧经济带来的社会影响
　　C 怀旧经济的火爆和面对的问题

（2）目前怀旧产品的消费者主要是哪些人？　　　　　　　　　　　　　　（第1段）
　　A 30岁以上的人
　　B 70岁以上的人
　　C 80岁以上的人

（3）怀旧产品受到人们喜爱的原因不包括下列哪项？　　　　　　　　（第4、5段）
　　A 都有较高市场价值
　　B 帮助人们减轻压力
　　C 能拉近同龄人之间的距离

（4）有些人不喜欢怀旧产品的主要原因是什么？　　　　　　　　　　　　（第6段）
　　A 不是生活必需品
　　B 形象化的产品破坏了美好的记忆
　　C 容易流行一段时间后失去吸引力

3 根据课文内容，回答问题

（1）心理学家认为怀旧产品受到人们喜爱的原因有哪些？
_____

（2）第6段中的"昙花一现"是什么意思？
_____

（三）实况阅读

好书推荐

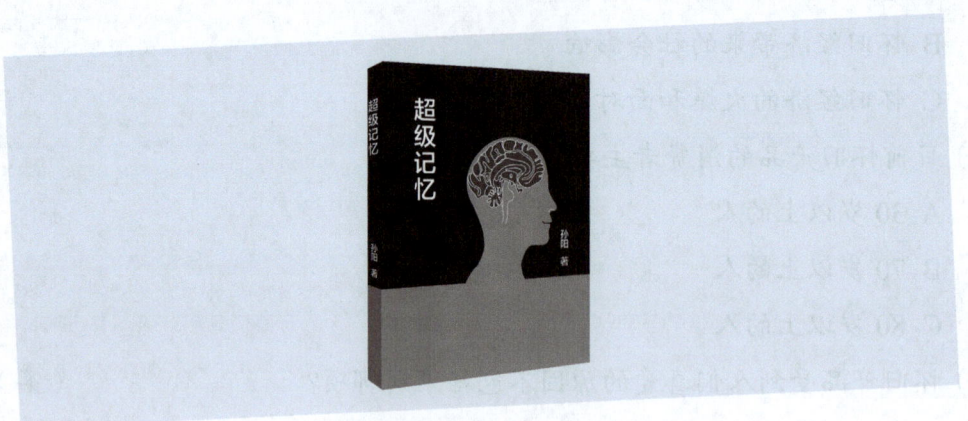

★ 最新改版，国内记忆大师孙阳的经典作品！

★ 已被译成15种语言，在40多个国家火爆销售！

★ 让你拥有过目不忘的本领，将陌生、抽象的信息变得熟悉、具体！

★ 累计销量已达100万册，国内外多位记忆专家共同推荐！

★ 全彩精装，个人收藏及赠送亲友的首选！

内容简介：

本书精选了作者从事记忆研究工作后，积累的各种记忆技巧和方法。作者用上百个实例介绍如何将记忆技巧与实际生活、学习联系起来。经过本书的指导训练，无论是记忆生词、数字还是人名，都将轻而易举。只用一半的时间，就可以记住以前几倍的内容。书中丰富多样的练习、精彩纷呈的图片使读者更能体会记忆的乐趣！本书还有配套练习册及视频光盘，方便读者自学自练。

作者简介：

孙阳，1972年出生，2004年获心理学博士学位，现为知名大学教授。曾连续3年获得全国记忆大赛第1名，出版多本有助于提高记忆力的畅销书，并受到广泛好评。

第四课 人类的记忆

1 将左边的数字与右边相对应的信息连起来

（1）2004 年　　　　A 本书出版时间

（2）40 多个　　　　B 累计销量

（3）100 万册　　　　C 被译成的语言种数

（4）15 种　　　　　D 销往国家的数量

　　　　　　　　　　E 本书的尺寸大小

　　　　　　　　　　F 作者博士毕业的时间

2 读后选择正确答案

（1）关于《超级记忆》，下列哪项说法不正确？

　　A 很多学校都在使用　　　　B 彩色印刷，十分精美

　　C 得到很多专家的推荐　　　D 在多个国家都能购买到

（2）关于这本书可以帮助大家做到的事，不包括下列哪项？

　　A 记住数字　　　　　　　　B 记住抽象信息

　　C 快速计算　　　　　　　　D 短时间内记住大量信息

（3）下列哪项是这本书的配套材料？

　　A 图形卡片　　　　　　　　B 视频光盘

　　C 在线课程　　　　　　　　D 练习软件

（4）关于这本书的作者，下列哪项正确？

　　A 只出版了一本畅销书　　　B 曾在国际记忆大赛中获奖

　　C 被称为"国内记忆大师"　　D 在知名大学教授记忆技巧

第五课　生活中的塑料

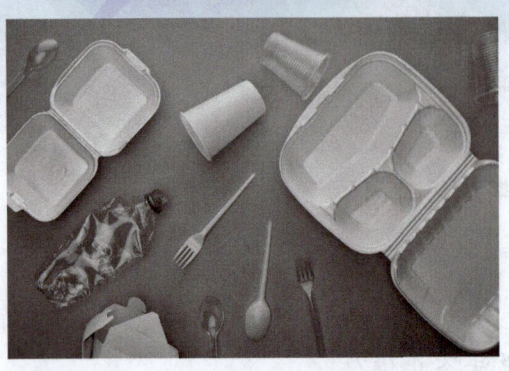

塑料已经有100多年的历史了，如今人们的生活已完全离不开塑料。对人类来说，塑料到底是利大还是弊大呢？

第一部分：知识银行

（一）常用字

1　化　huà

会意字，字形由一个正立的人和一个倒立的人左右相合而成。本义指"变化"。

现代汉语中，"化"的常用义是"变化、使变化"。常用作构词语素，一般不单独使用，或者用在"化……为……"的格式中；还可以作为词缀，加在名词或形容词后构成动词，表示转变成某种性质或状态。

例：变化　化名

　　化敌为友　化险为夷

　　美化　绿化　净化　经济全球化

✎ 练习：选择合适的词语填空

　　　　A 化名　　B 老化　　C 净化　　D 化整为零

（1）这种花可以放在房间里_____空气。

（2）读长文章的时候可以_____，一部分一部分地读。

（3）为了不被人发现，他用的是_____。

（4）不看书、不学习会造成大脑过早_____。

2 隐 yǐn 隱

形声字，繁体字为"隱"。左边的"阝"表示意义，指"土山"；右边的"𢚩"（yǐn）表示读音。"隐"的本义是"藏起来、不显露"。

现代汉语中，"隐"的常用义是"隐藏不露"。常用作构词语素，作为动词单独使用时，后边常带补语"去"。

例：隐藏　隐身　隐姓埋名

✎ 练习：想一想画线词语的意思

（1）选择框架眼镜还是<u>隐形</u>眼镜，最好听听医生的建议。
（2）年龄、收入、婚姻状况等都属于<u>个人隐私</u>，请不要随便问。
（3）为了安心进行写作，这位著名作家<u>隐居</u>小城市多年。
（4）这篇文章<u>隐去</u>了作者的名字。

（二）常用书面词语

1 毫无/毫不：意思是"一点儿也没有/不"，常与后面的词语构成四字结构，多用于书面语。

（1）对于别人的私事，我<u>毫无</u>兴趣。
（2）他对这件事<u>毫不</u>知情。

2 而

（1）意思是"可是、但是"，用于连接并列的动词、形容词或小句，表示相反或相对的意义。
① 北京烤鸭的特点是肥<u>而</u>不腻。
② 父母希望他读法律专业，<u>而</u>他喜欢学历史。
（2）将表示原因、目的、依据等的成分与动词或动词短语连接起来。
① 不要因害怕失败<u>而</u>不去尝试。
② 大家都在为实现人生理想<u>而</u>努力。

（三）常用格式

1 固然……，但是／可是／却／而……：前一小句表示承认某个客观事实，后一小句表示转折，引出另一方面或另一观点。

（1）去故宫参观过的人<u>固然</u>不少，<u>但是</u>能把故宫的历史、建筑风格说清楚的人恐

怕就不多了。

（2）塑料这把"双刃剑"<u>固然</u>给人类带来了享受，<u>却</u>也给我们留下了无数的麻烦。

2 **（由于）……，以致……**：因为前一小句所说的原因，导致了后一小句不好的结果。

（1）<u>由于</u>当地环境保护不力，<u>以致</u>野生动物数量连年下降。

（2）大量塑料垃圾堵住了某地自来水厂的取水口，使几家水厂停产，<u>以致</u>附近居民用水紧张。

第二部分：技巧训练

技巧（九）：推测并列结构词语的意思

汉语里很多词是由意思相近的语素组成的，有时候，可以根据其中一个语素推测整个词语的意思，如"衰老""翠绿""宣讲"等。

📝 练习：根据上下文，猜测画线词语的意思

（1）在小说中，爱情是一个<u>永恒</u>不变的主题。
（2）上海的夏天又<u>闷热</u>又潮湿。
（3）这家公司设计和生产的电器质量不断<u>提升</u>。
（4）上午11点了，他还<u>慵懒</u>地躺在床上。
（5）这种纸质量很好，即使放在水里也不会<u>破损</u>。

技巧（十）：理解包含并列关系的句子

汉语中有一些表示并列关系的标记，比如标点符号中的顿号、分号，还有关联词语"一方面……另一方面……""一来……，二来……"等，它们常用于举例或从多个方面介绍情况、说明观点等。

例如："今天我们可以毫不费力地发现生活中的大量塑料制品，如饮料瓶、包装袋、墙上的开关、地上的拖鞋、餐厅的打包盒、洗手间里的刷牙杯等，不一而足。"根据句子中的顿号，我们可以很快知道句中提到了6个例子。

📝 练习：读后填空

（1）长期食用油炸食品的危害较多，主要有：油炸食品的高热量易使人发胖，从而引发脂肪肝、高血压等疾病；食物中的营养素被破坏，食品的营养价值降低，容易

引起人体营养不良。

从上句可知，长期食用油炸食品的危害主要有_____个方面。

（2）老年人远途出游首先要注意自身安全；其次要充分了解出游目的地的气候、饮食特点，做好充分的心理和身体准备；另外，还要做好周密计划并做好相应的预案。

从上句可知，老年人远途出游要注意_____方面的问题。

（3）此次比赛中，10号球员的表现堪称完美，无论在速度、耐力，还是与其他球员的配合方面都达到了最佳水平；除此之外，球队教练在比赛过程中对全局的把握和指导也起到了至关重要的作用。这些都是球队获胜的关键因素。

从上段可知，球队获胜的关键因素有_____个方面。

第三部分：阅读实践

（一）精读

1 生词学习

1	统一	tǒngyī	V/Adj	to unify; unified	统一着装；统一的价格
2	行驶	xíngshǐ	V	(of a vehicle, ship, etc.) to go, to travel	行驶方向；行驶路线
3	原材料	yuáncáiliào	N	raw material	购买原材料；产品的原材料
4	本身	běnshēn	Pron	oneself, in oneself	计划本身是好的，但是实施时出现了问题。
5	含有	hányǒu	V	to contain	含有氧气；含有特殊意义
6	妨碍	fáng'ài	V	to hinder, to hamper	妨碍工作；造成妨碍
7	制品	zhìpǐn	N	product, goods	肉制品；塑料制品
8	隐形	yǐnxíng	Adj	invisible	隐形眼镜；隐形飞机
9	地位	dìwèi	N	status, position	社会地位；地位很高
10	评选	píngxuǎn	V	to appraise and elect	评选优秀学生；评选结果
11	永恒	yǒnghéng	Adj	everlasting, eternal	永恒的感情；永恒不变
12	净化	jìnghuà	V	to purify	净化空气；净化水质
13	报道	bàodào	N/V	report; to report	一篇报道；报道新闻

乐读 5

| 14 | 便利 | biànlì | Adj | convenient | 交通便利；便利性 |
| 15 | 双刃剑 | shuāngrènjiàn | N | double-edged sword | 一把双刃剑；成为双刃剑 |

2 热身练习

（1）选择正确的汉字填空

① 近些年来，石油等工业_____（A 源　B 原）材料价格上涨严重，很多产品的出厂价也随之大幅度提高。

② 由于施工，本路段即日起至30日禁止机动车行_____（A 驶　B 使）。

③ 由于在点球大战中获胜，虽然全场未能进球，但也并不妨_____（A 得　B 碍）这支球队最终夺得奖杯。

④ 网络购物是一把"双_____（A 刀　B 刃）剑"，既给人们带来了便利，但又让消费者花费了大量时间在退换货上。

⑤ 维持_____（A 稳　B 隐）定的物价水平是保证人们正常生活的一项重要工作。

（2）选择合适的词语填空

① 大家穿各自的服装上台表演看起来不美观，最好_____一下儿。

　　A 统一　　　　B 一致

② 这份珍贵的感情我会_____记在心中。

　　A 永恒　　　　B 永远

③ "最受欢迎国产车型"_____结果将于9月1日揭晓。

　　A 评选　　　　B 选择

④ 你是_____去的还是跟朋友一起去的？

　　A 本身　　　　B 自己

⑤ 据_____，我市男子篮球队将于明日结束封闭训练并前往赛场。

　　A 报到　　　　B 报道

3 课文：塑料"全球化"

> 思考题：
> （1）塑料"全球化"指的是什么？
> （2）作者对塑料"全球化"的态度是什么样的？

1　在全球化的今天，不仅仅是货币不统一、法律不统一、温度单位不统一，甚至连汽车靠左靠右行驶都没有统一。但在塑料世界，全球化的水平却相当高——世界上所有的塑料制品原材料基本相同，生产过程也没有太大差别，当然，由塑料带来的问题在各个国家也几乎一样。

2　虽然19世纪中后期塑料刚刚发明时，很多人都觉得它是低档的、质量差的材料，甚至在英语中"塑料"这个词本身就含有"容易变化、不真实和不自然"等不太好的意思，但人们的态度却完全没有妨碍这种材料在世界各国生产以及在生活中广泛使用。

3　于是，今天我们可以毫不费力地发现生活中的大量塑料制品，如饮料瓶、包装袋、墙上的开关、地上的拖鞋、餐厅的打包盒、洗手间里的刷牙杯等，不一而足。不仅如此，由于这种材料价格低、质量轻、稳定性好，"隐形"的塑料制品在制造业中也有着举足轻重的地位：在中国，塑料门窗已经用于半数以上的建筑中；在欧洲，每辆高级汽车大约会使用200公斤左右的塑料；在美国，波音（Bōyīn, Boeing）公司更是将塑料的使用量提高到飞机重量的百分之五十……总之，世界各国不约而同地大规模使用着塑料，并一致走着用塑料代替其他材料的道路。

4　当然，塑料的全球化并不仅仅表现在使用范围、使用量上，还表现在它所带来的全球性问题上。不久前，英国一家报纸评选"人类最糟糕的发明"，塑料袋"不幸"入选。这家报纸提到，我们的地球似乎已经变成了"塑料地球"，土地、河流、高山、海洋……到处都有塑料袋的影子。可能有那么一天，我们都已离去，但这些东西仍然在地球上存在着——因为它们是"永恒"的。即使是在海洋，这个自我净化能力最强的地方，阳光、海水、氧气等基本上可以处理掉各种污染物，但却对塑料袋无能为力。对塑料毫无办法的还有各种动物：一些海里的动物因为误食了海面上的塑料袋而死亡，有的动物园里的动物也因吃了人们乱扔的塑料袋而丧命。有新闻报道称，一家动物园里的鹿突然死去，医生居然在它的胃里发现了4公斤多无法消化的塑料垃圾！实际生活中，受塑料垃圾影响的不仅仅是动物的胃，还有人类的胃。20世纪末，大量塑料垃圾堵住了某地自来水厂的取水口，使几家水厂停产，以致附近居民用水紧张。

5　世界的全球化带来了塑料的全球化，现在后者的全球化水平已经超过前者。但这并不代表塑料全面提高了便利性，提升了我们的生活水平，塑料这把"双刃剑"固然给人类带来了享受，却也给我们留下了无数的麻烦。

（课文字数：970字）

▶ 第一步：通读课文，回答问题

（1）塑料"全球化"指的是什么？

_____

（2）作者对塑料"全球化"的态度是什么样的？

_____

▶ 第二步：细读课文，完成练习

（1）根据课文内容，选择正确答案

① 塑料"全球化"水平高，有什么表现？　　　　　　　　　　　　　（第1段）

A 塑料制品生产标准统一

B 所有人都喜欢塑料制品

C 各国生产的塑料制品质量相同

D 各国塑料制品使用的原材料差不多

② 最初人们对塑料的评价不包括：　　　　　　　　　　　　　　　（第2段）

A 质量差　　　　B 不自然　　　　C 不稳定　　　　D 不便宜

③ "'隐形'塑料制品"中"隐形"的意思是：　　　　　　　　　　　（第3段）

A 完全看不见的　　　　　　　　B 不容易被看出的

C 会很快消失的　　　　　　　　D 形状不太稳定的

第五课 生活中的塑料

④ 为什么说动物对塑料毫无办法？ （第4段）

　A 人们乱扔塑料袋　　　　　　　B 动物没有自我清洁能力

　C 塑料无法被消化　　　　　　　D 动物喜欢食用塑料制品

⑤ 关于塑料袋带来的环境问题，文中没有提到对_____的影响。（全文）

　A 空气质量　　　　　　　　　　B 动物健康

　C 人类生活　　　　　　　　　　D 海洋环境

（2）根据课文，总结各段主要内容

| 塑料世界的全球化水平：_____。（第1段） |

| 最初人们对塑料的态度：_____。（第2段） |

| 目前塑料的使用情况：_____ _____。（第3段） | 塑料使用的全球性问题：_____ _____。（第4段） |

| 塑料是"双刃剑"：既_____，也_____。（第5段） |

▶ 第三步：句义理解（读句子，简要总结意思并填空）

（1）在全球化的今天，不仅仅是货币不统一、法律不统一、温度单位不统一，甚至连汽车靠左靠右行驶都没有统一。 （第1段）

　　在全球化发展的过程中，四个没有实现全球化的方面是：_____、_____、_____和_____。

（2）在塑料世界，全球化的水平却相当高——世界上所有的塑料制品原材料基本相同，生产过程也没有太大差别，当然，由塑料带来的问题在各个国家也几乎一样。 （第1段）

　　塑料的全球化表现在三个方面，分别是：_____、_____、_____。

（3）今天我们可以毫不费力地发现生活中的大量塑料制品，如饮料瓶、包装袋、墙上的开关、地上的拖鞋、餐厅的打包盒、洗手间里的刷牙杯等，不一而足。

（第3段）

　　塑料制品有很多，如以下六种生活用品：_____、_____、_____、_____、_____、_____。

（4）"隐形"的塑料制品在制造业中也有着举足轻重的地位：在中国，塑料门窗已经用于半数以上的建筑中；在欧洲，每辆高级汽车大约会使用200公斤左右的塑料；在美国，波音公司更是将塑料的使用量提高到飞机重量的百分之五十……（第3段）

"隐形"的塑料制品被广泛应用在制造业的三个领域，分别是：_____、_____、_____。

▶ 第四步：词义理解

（1）根据上下文，选择画线词语的意思

① 人们的态度却完全没有<u>妨碍</u>这种材料在世界各国生产以及在生活中广泛使用。（第2段）

A 帮助　　　B 影响　　　C 放弃

② 一些海里的动物因为误食了海面上的塑料袋而死亡，有的动物园里的动物也因吃了人们乱扔的塑料袋而<u>丧命</u>。（第4段）

A 死亡　　　B 逃离　　　C 受伤

③ 大量塑料垃圾堵住了某地自来水厂的取水口，使几家水厂停产，造成附近居民<u>用水紧张</u>。（第4段）

A 水费过高

B 供水不足

C 担心水质不好

（2）从课文中找出包含下列意思的四字成语或短语

① 轻松容易地：_____（第3段）

② 有很多，很难全部列出来：_____（第3段）

③ 有非常重要的作用：_____（第3段）

④ 没有提前约定但是做了相同的事情：_____（第3段）

⑤ 没有能力、做不到、帮不上忙：_____（第4段）

⑥ 一点儿办法都没有：_____（第4段）

▶ 第五步：朗读课文

（二）泛读

纸币的替代品——塑料钞票

1 塑料的广泛使用无时无刻不在改变着人们的生活，即使是传统的纸币，也在悄悄地发生着改变，其替代品就是塑料钞票。

2 塑料钞票是以塑料为主要材料制造而成的一种钞票，这种看起来跟纸币没有多大差别的新型钞票有着纸币无法比拟的种种优点。当然，作为钞票，它最大的特点当然是耐用。其使用时间差不多是普通纸币的四倍，不仅在气候潮湿的国家和地区正常使用时不易破损，即使经过洗衣机多次清洗也不会坏掉。同时，它耐脏，无异味，可再生，难造假。正是由于这些长处，这种钞票有了"绿色钞票"的美称。

3 其实，世界上第一张塑料钞票并不是普通的流通钞票，它是为纪念欧洲人在大洋洲居住200周年而在1988年发行的10澳元纪念钞票。从1992年开始，澳大利亚每年发行一个面值的塑料钞票来代替相应的纸币，到1996年，所有塑料流通钞票发行完毕，澳大利亚也由此成为世界上第一个拥有一整套塑料流通钞票的国家。

4 继澳大利亚之后，很多国家也纷纷对这种技术表现出了极大的兴趣。如今，新西兰、越南等国家已经全面使用塑料钞票；新加坡、泰国等国家目前有一部分流通钞票是塑料钞票；加拿大、

生词：
1. 无时无刻 wúshí-wúkè all the time
2. 替代 tìdài V to replace
3. 钞票 chāopiào N banknote
4. 比拟 bǐnǐ V to compare
5. 耐用 nàiyòng Adj durable
6. 流通 liútōng V to circulate
7. 发行 fāxíng V to issue

英国等国家"以塑代纸"的过程也在逐步推进；一些国家虽没有在流通钞票上试用这种新技术，但是已运用在纪念钞票的制作上，比如中国。

5　既然塑料钞票的优点如此之多，那么为什么大多数国家还在坚持使用纸币呢？据悉，澳大利亚仍是世界上唯一全面掌握塑料钞票制作技术的国家，购买这种技术需要大量资金；同时，制作塑料钞票也比纸币价格高得多；另外，为了使用塑料钞票，替换所有的点钞机和自动取款机也是一笔巨款。但是，我们也许可以预测，不久的将来这项技术会慢慢普及开来。

（课文字数：669字）

本文改编自《中国防伪报道》2015年第5期文章《塑料钞票——未来钞票防伪发展趋势》，作者蔷薇

8. 据悉　jùxī　V
it is reported (that), it is understood (that)

9. 资金　zījīn　N
capital, fund

1 根据课文内容，选择正确答案

（1）塑料钞票是： （第2段）
　　A 一种纪念钞票　　　　　　B 可用于制作塑料的钞票
　　C 主要用塑料制作的钞票　　D 与纸币外观差别很大的钞票

（2）第一张塑料钞票是： （第3段）
　　A 硬币　　　B 假币　　　C 纪念币　　　D 流通钞票

（3）塑料钞票的优点不包括： （第2、5段）
　　A 不怕潮湿　　　　B 使用时间长
　　C 不容易造假　　　D 制作价格便宜

（4）下列哪个国家的钞票现在全部是塑料钞票？ （第4段）
　　A 中国　　　　　　B 新西兰
　　C 加拿大　　　　　D 新加坡

（5）澳大利亚不是： （全文）

    A 最早发明塑料钞票的国家

    B 唯一全面使用塑料钞票的国家

    C 最早拥有整套塑料流通钞票的国家

    D 唯一全面掌握塑料钞票制作技术的国家

2 根据课文内容，选择各国塑料钞票的情况（可多选）

A 发行第一张塑料钞票   D 只有塑料纪念钞票，无塑料流通钞票

B 全面使用塑料钞票   E 塑料钞票逐步代替纸钞

C 首先拥有整套塑料钞票

（1）澳大利亚：_____

（2）越南：_____

（3）英国：_____

（4）中国：_____

3 讨论

在数字货币逐渐发展的今天，你认为塑料货币的前景如何？

（三）实况阅读

塑料制品上的数字

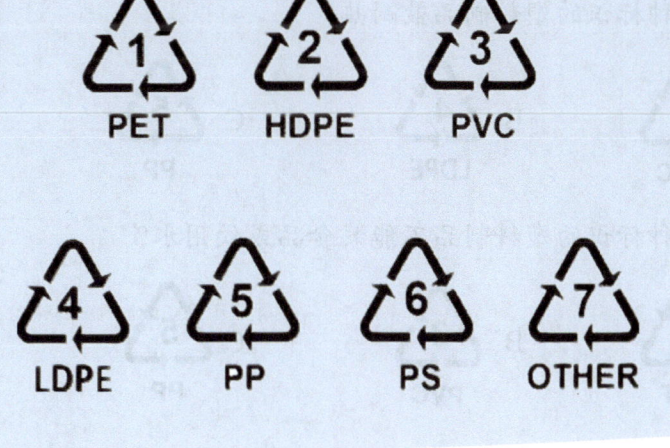

乐读 5

数字标识	耐热温度	常见产品	注意事项
PET 1	40 ℃	矿泉水瓶、饮料瓶等	温度到达 70 ℃ 或者使用超过 10 个月时会产生对人体有害的物质；不能放在太阳下晒，不能装酒、油等
HDPE 2	60 ℃	洗发水瓶、沐浴露瓶或者超市的塑料袋	在认真清洗的情况下可再次使用，但最好不要长期使用
PVC 3	60 ℃	雨衣、建筑材料等	遇热或油类时会产生有毒物质
LDPE 4	135 ℃	食品包装、医疗用品等	高温时产生有害物质
PP 5	167 ℃	微波炉餐盒等	可微波炉加热，可在清洁后重复使用
PS 6	80 ℃	玩具、文具、方便面碗、低质量快餐盒等	不能高温加热，不能放入酸性物质
OTHER 7	—	常见于塑料水杯、水壶等	长时间高温加热会产生危害健康的物质，尽量避免洗碗机清洗，第一次使用前认真清洗并自然干燥

1 读后选择正确答案

（1）下列哪种标识的塑料制品最耐热？

A  PVC   B  LDPE   C 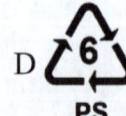 PP   D PS

（2）下列哪种标识的塑料制品不能装食品或饮用水？

A PET   B  PVC   C  PP   D  OTHER

（3）下列哪种做法不影响健康？
  A 往矿泉水瓶里装开水　　　B 夏天把塑料瓶放在阳台上
  C 用微波炉加热碗装方便面　D 用超市塑料袋装蔬菜和水果

2 讨论

看看身边塑料制品的标识，说说使用这个塑料制品时应该注意什么。

第六课　"低头族"

手机已经走进了社会的每个角落，在我们的生活中扮演着越来越重要的角色。在享受手机带来的便利时，你感受到它带来的问题了吗？它对我们的生活会产生哪些负面影响呢？

第一部分：知识银行

（一）常用字

1　族　zú

会意字。本义表示旗子下面聚集了箭，引申为"同类聚集"的意思。

现代汉语中，"族"的常用义为"有相同属性的一类事物或人"。常用作构词语素，一般不单独使用。

例：民<u>族</u>　上班<u>族</u>　低头<u>族</u>

练习：猜一猜下面的"～族"指的是哪类人

（1）<u>追星族</u>们特别关注自己喜爱的明星。

（2）现在有不少年轻人是"<u>月光族</u>"，每个月都把钱花光。

（3）他从大学就开始打工挣钱，不想做"<u>啃老族</u>"。

（4）小王和男朋友相识一个多月就结婚了，她没想到自己也成了"<u>闪婚族</u>"一员。

2　集　jí

会意字。本义表示树上聚集了许多鸟，引申为"聚在一起、会合"。

现代汉语中，"集"的常用义为"聚集"。常用作构词语素，一般不单独使用。

例：聚<u>集</u>　<u>集</u>中　诗<u>集</u>

📝 练习：选择合适的词语填空

A 收集　　B 集思广益　　C 集资　　D 集合

（1）请大家明天早上八点到宾馆门口_____上车。
（2）我的爱好是_____各国的邮票。
（3）这家公司是三个大学毕业生_____创办的。
（4）一个人的想法总是有限的，应该_____。

（二）常用书面词语

1　类似：差不多一样。

（1）我在那家店见过<u>类似</u>的家具。
（2）养宠物<u>类似</u>于照顾孩子，需要爱心和耐心。

2　处于：在（某个时期、某种状态、某个地位等）。

（1）我们公司正<u>处于</u>高速发展时期。
（2）长时间使用手机会使人的大脑一直<u>处于</u>兴奋状态。

（三）常用格式

1　……，进而……：表示在原来的基础上进一步。

（1）高烧不及时处理的话，可能会影响大脑，<u>进而</u>引起昏迷、智力损伤等。
（2）很多公司通过请名人做广告引起人们的注意，<u>进而</u>推销他们的产品。

2　……难免……／……是难免的：表示不容易避免。

（1）初到一个新环境<u>难免</u>会不适应。
（2）工作中偶尔犯错<u>是难免的</u>，只要及时补救就行了。

第二部分：技巧训练

技巧（十一）：利用语素义推知词义

汉语中的合成词是由两个或两个以上的语素构成的，很多合成词的意思可以通过语素义推

乐读 5

测出来。比如,"居"是"住"的意思,"所"是"地方"的意思,"居所"就是"住的地方"。了解汉语词汇的这个特点对理解词义很有帮助。

✏️ **练习:解释画线词语的意思**

（1）网络视频打破了<u>时空</u>限制,让人们可以随时随地联系。

（2）一到假期,<u>代管</u>宠物的店就非常火爆。

（3）爷爷喜欢爬山、钓鱼等<u>户外</u>活动。

（4）过春节时,中国北方人的餐桌上饺子是<u>必不可少</u>的。

（5）碰到需要帮助的人时,我不会<u>视而不见</u>,一定会帮忙。

技巧（十二）：理解多重复句内的逻辑关系

汉语的长句中经常包含多个逻辑关系,比如一个长句中同时含有"因果""转折""递进"三重逻辑关系。提示这些逻辑关系的关联词语不一定全部出现,比如"不但……而且……",可能只出现"而且"。这就需要采用补充省略的关联词语、划分句子层次等技巧,理解多重复句中的所有逻辑关系。例如:"小时候家里的经济条件不好,但是我父母生活态度积极乐观,哥哥姐姐们也爱说爱笑,因而我的童年记忆总是充满阳光的。"这个长句主要包含三层逻辑关系:①转折关系——"（虽然）……但是……",②并列关系——"……也……",③因果关系——"……因而……"。

✏️ **练习:找出下列句子的第一层逻辑关系**

（1）世界上最远的距离不是生死,而是我们在一起,你却在低头玩儿手机。

（2）他对中文充满了兴趣,而且对东方文化也十分好奇,所以决定到中国留学,但申请当年遭遇了疫情。

（3）一个作家,无论写作水平有多高,要是缺乏对生活的全面了解,也很难写出优秀的作品。

（4）作为父母,不管说得多么好听,只要自己做得不合适,孩子就一定会去模仿。

（5）大家不要只看外面的风景,也不要只顾看手机,要看好自己的物品,以免造成不必要的损失。

第三部分：阅读实践

（一）精读

1 生词学习

1	功能	gōngnéng	N	function	手机的功能；功能强大
2	汇集	huìjí	V	to collect	汇集材料；汇集于一身
3	威胁	wēixié	V	to threaten	威胁人们的安全；受到威胁
4	依赖	yīlài	V	to rely on, to depend on	依赖父母；过度依赖
5	承认	chéngrèn	V	to admit	承认错误；全部承认
6	颈椎病	jǐngzhuībìng	N	cervical spondylosis	得颈椎病；治疗颈椎病
7	导致	dǎozhì	V	to cause, to lead to	导致失败；导致事故
8	沉迷	chénmí	V	to indulge in, to be addicted to	沉迷网络；沉迷于赌博
9	媒体	méitǐ	N	medium	新闻媒体；媒体报道
10	行为	xíngwéi	N	behaviour	不文明行为；合法行为
11	事故	shìgù	N	accident	交通事故；发生事故
12	讽刺	fěngcì	V	to satirize	讽刺别人；受到讽刺
13	期待	qīdài	V	to expect, to look forward to	期待成功；值得期待
14	提示	tíshì	V	to prompt, to give a cue	提示一下儿；温馨提示
15	现场	xiànchǎng	N	site, spot	现场报道；比赛现场
16	挡	dǎng	V	to block	挡路；挡住车/人/光
17	欣慰	xīnwèi	Adj	gratified	感到欣慰；十分欣慰

2 热身练习

快速找出下列句子中的本课生词

（1）手机已不仅仅是打电话的工具，而是将工作、娱乐、社交汇集于一身的"超级助手"。

（2）手机在提供便利的同时，也"威胁"着人们的身心健康和亲情友谊。

（3）他们走在路上却仍沉迷于手机世界，对周围的一切视而不见。
（4）这句话讽刺了"低头族"在与人相处时的冷淡。
（5）我忘了关静音，开会时手机短信的提示音弄得我很尴尬。

3 课文：手机的危害

思考题：
（1）人们对手机的依赖表现在哪些方面？
（2）手机给人们带来了哪些影响？

1　近年来，随着功能的逐渐强大，手机已不仅仅是打电话的工具，而是将工作、娱乐、社交汇集于一身的"超级助手"，是人们必不可少的随身物品。它打破了时空限制，让我们可以随时随地利用文字、图片、语音和视频与他人交流。然而，手机在提供便利的同时，也"威胁"着人们的身心健康和亲情友谊。

2　餐厅里、站台前、马路上，到处都是低头使用手机的人。有人甚至在吃饭、走路时，眼睛也离不开手机，这些人被称为"低头族"。调查显示，目前"低头族"平均每天使用手机的时间长达4小时，平均每天查看手机150次。也就是说，除了休息时间，每6分钟就要查看一次。"低头族"对手机的依赖可见一斑。

3　"低头族"不愿承认的是，手机这位"亲密的朋友"已经给人们的身体带来了不小的危害。研究表明，长期低头看手机会造成颈椎病、视力下降等问题。另外，手机使人长时间处于兴奋状态，进而导致注意力无法集中、失眠、情绪变差等健康问题。

4　在"低头族"中，"马路低头族"是最可怕的。他们走在路上却仍沉迷于手机世界，对周围的一切视而不见。这不仅仅是在拿自己的生命开玩笑，还会危害他人的安全。媒体已多次报道类似事件：某人在地铁站因边走边看手机而掉下站台，某司机在路上因接打电话而与他人相撞……这样的例子比比皆是。目前，与使用手机有关的行为已经逐渐成为造成交通事故、意外伤亡的首要原因。

5　网上有一句流行语：世界上最远的距离不是生死，而是我们在一起，你却在低头玩儿手机。这句话讽刺了"低头族"在与人相处时的冷淡。生活中，这样冷淡的"低头族"随处可见：孩子拿着玩具，期待地看着一直玩儿手机的父母；好友见面，"叮叮当当"的微信提示音不绝于耳；春节放假，回家吃团圆饭变成了"手机聚会"；看表演时忙于用手机录像，错过了现场的感动。手机挡住了我们本来应该放在大自然和亲友身上的目光。

6　值得欣慰的是，人们逐渐认识到了手机所带来的危害，并开始利用各种方法减少这些危害。比如：为了让顾客专心享受美食与聚会，一些餐馆为顾客提供代管手机的服务；有的学校经常组织户外活动，帮助青少年减少对手机的依赖；有些网站发起了睡前两小时关闭手机的活动；还有的人甚至扔掉了智能手机，换回了功能较少的老式手机。我们可以尝试一天不用手机，虽然开始难免坐立不安，但慢慢你会发现远离手机的生活是丰富多彩的，跟亲友的关系也会更加密切。世界这么美，让我们都抬头看一看吧。

（课文字数：962字）

▶ **第一步：通读课文，回答问题**

（1）人们对手机的依赖表现在哪些方面？

（2）手机给人们带来了哪些影响？

▶ **第二步：细读课文，完成练习**

（1）将下列各段主要内容填入表中

　　A 手机对亲情和友谊的危害

　　B 手机对交通安全的危害

　　C 人们减少手机危害的办法

　　D 人们对手机的依赖

　　E 手机对人体健康的危害

乐读 5

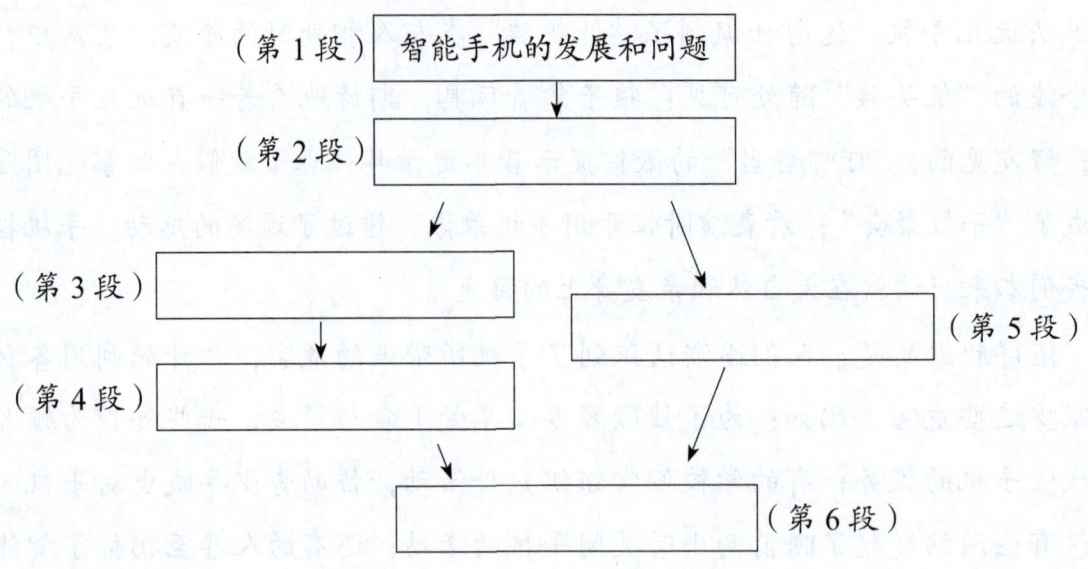

（2）根据课文内容，回答问题

① "低头族"是什么样的人？ （第2段）

_____

② 手机带来了哪些健康问题？ （第3段）

_____

③ "马路低头族"为什么最可怕？ （第4段）

_____

④ 举例说明"低头族"在与人相处时的冷淡表现在哪些方面。 （第5段）

_____

⑤ 目前人们正在通过哪些方法减少对手机的依赖？ （第6段）

_____

▶ 第三步：句义理解

（1）随着功能的逐渐强大，手机已不仅仅是打电话的工具，而是将工作、娱乐、社交汇集于一身的"超级助手"，是人们必不可少的随身物品。 （第1段）

根据这句话，手机之所以是"超级助手"是因为：

A 可以打电话　　　　　　　　　B 具有多种功能

C 人们每天带在身边　　　　　　D 技术还在逐渐发展中

（2）调查显示，目前"低头族"平均每天使用手机的时间长达4小时，平均每天查看手机150次。也就是说，除了休息时间，每6分钟就要查看一次。（第2段）

根据这段话，可以知道"低头族"：

A 根本没有休息时间　　　　　　　B 每天看 150 分钟手机

C 每 6 分钟看一次手机　　　　　D 每 4 小时使用一次手机

（3）另外，手机使人长时间处于兴奋状态，进而导致注意力无法集中、失眠、情绪变差等健康问题。　　　　　　　　　　　　　　　　　　　（第 3 段）

根据这句话，下列哪种情况可能不是使用手机引起的问题？

A 容易生气　　　　　　　　　　B 不想吃饭

C 睡不着觉　　　　　　　　　　D 经常走神

（4）目前，与使用手机有关的行为已经逐渐成为造成交通事故、意外伤亡的首要原因。

（第 4 段）

根据这句话，下列哪种行为可能是造成交通事故的最大原因？

A 司机酒后驾驶　　　　　　　　B 开车时查看微信

C 驾驶时间过长　　　　　　　　D 在雨雪天气中行车

（5）手机挡住了我们本来应该放在大自然和亲友身上的目光。　　（第 5 段）

这句话的主要意思是：

A 手机会挡住人们的视线

B 手机可以拉近人们与外界的距离

C 手机阻碍了我们接近大自然与亲友

D 看手机时间太长，对人们的眼睛不好

▶ **第四步：词义理解（根据上下文，猜测画线词语的意思）**

（1）"低头族"对手机的依赖<u>可见一斑</u>。　　　　　　　　　　　　（第 2 段）

A 可以从中得知情况的严重性　　B 从某个现象可以得知基本的情况

（2）这样的例子<u>比比皆是</u>。　　　　　　　　　　　　　　　　　（第 4 段）

A 比较好　　　　　　　　　　　B 到处都是

（3）好友见面，"叮叮当当"的微信提示音<u>不绝于耳</u>。　　　　　（第 5 段）

A 声音不断　　　　　　　　　　B 无法听到

（4）看表演时忙于用手机录像，<u>错过</u>了现场的感动。　　　　　　（第 5 段）

A 做过……的错事　　　　　　　B 失去……的机会

（5）虽然开始难免<u>坐立不安</u>，但慢慢你会发现远离手机的生活是丰富多彩的。

（第 6 段）

A 不安心　　　　　　　　　　　B 不安全

乐读 5

▶ 第五步：朗读课文

(二) 泛读

关于未来手机的猜想

1 20世纪70年代，世界上第一部手机出现了。叫它"<u>移动</u>电话"似乎更合适，因为与今天的智能手机相比，这部手机又大又重，只能通话20分钟，而充电却需要10小时，并且仅有接打电话的功能。科技的进步使手机迅速发展，<u>体积</u>逐渐减小，功能更加丰富，这些变化是以前的人们难以想象的。那么，今天我们正在使用的功能已经非常强大的智能手机未来又将变成什么样呢？让我们一起来猜想一下儿吧。

2 首先，电池就像手机的生命，手机的发展往往伴随着电池的革新。电池的安全性、耐用性都是消费者看重的问题。目前市场上的智能手机大部分需要每天充电，充电器已经成为人们必不可少的随身物品。未来一些新材料的出现，将全面增强手机电池的性能，不仅支持无线充电，而且还能大大减少充电次数，平均一个月充一次，每次只需几分钟就够了。

3 其次，目前市场上出售的手机尽管品牌不同，但样式、材料、颜色等大多类似，变化有限。近年来，不少发明者开始设计、开发特色手机，多

生词：

1. 移动 yídòng V
   to move

2. 体积 tǐjī N
   volume

屏幕手机就是其中之一。目前正在使用的手机大多只有一个屏幕，因此通常只能做一件事。而未来的多屏幕手机有两个，甚至三个屏幕，可以在_____的同时_____。还有全身透明手机，即使放在眼前也不会挡住人们的视线，能清楚地看到前面的道路，避免意外事故的发生。手机很容易脏怎么办？可以购买可清洗手机，这款手机可用洗手液直接清洗，防水能力居智能手机之首。甚至还有像表一样的手机，直接戴上就行，再也不必担心手机因放在口袋里或包里造成丢失或难以找到的情况。未来手机的样式和材料将更加丰富多彩。也许有一天，手机会变得像面包一样软，像戒指一样小，甚至可以贴在衣服上或者戴在手指上。

4　此外，老人、孩子、残疾人、专业人员等都需要特殊的帮助或支持，传统手机显然还无法满足不同人群的各种需求。未来的手机将从普遍智能向专业智能发展。语音技术会更加先进，人们可以通过语言命令手机完成更多复杂指令；通过与皮肤的接触，未来的手机还能对_____进行检查，及时进行疾病预防。

5　你心中期待的手机是什么样的呢？让我们多一些想象力和创造力，也许在不远的将来，想象中的手机就将出现在我们的生活中。

（课文字数：852字）

3. 屏幕　píngmù　N
screen

4. 透明　tòumíng　Adj
transparent

5. 显然　xiǎnrán　Adj
obvious

6. 接触　jiēchù　V
to touch, to contact

乐读 5

1 根据课文大意填空

（1）课文对未来手机的_____个方面做了猜想。

（2）第2段主要讨论未来手机在_____方面的发展。

（3）第3段主要讨论未来手机在_____、_____等方面的发展。发明者开始设计、开发的特色手机主要包括：_____。

（4）第4段提到未来手机的发展方向是：_____。

2 为课文中的画线空白部分选择合适的词语

（1）未来的多屏幕手机有两个，甚至三个屏幕，可以在_____的同时_____。（第3段）

    A 看屏幕   注意前方的情况

    B 视频通话   处理电子文档

    C 打电话   进行无线充电

（2）通过与皮肤的接触，未来的手机还能对_____进行检查，及时进行疾病预防。（第4段）

    A 人的身体健康状况

    B 已购买产品的质量

    C 周围交通安全情况

3 根据课文内容，选择正确答案

（1）下列哪项不是世界上第一部手机的特点？（第1段）

    A 使用时间短   B 充电时间长

    C 可用功能少   D 体积比较小

（2）下列哪项不是未来手机电池的进步之处？（第2段）

    A 不需要充电   B 用电周期长

    C 充电时间短   D 不用连接充电器

（3）下列哪项是全身透明手机的优点？（第3段）

    A 容易找到   B 不挡视线

    C 可直接清洗   D 只能做一件事

（4）未来的手机如何进行疾病预防？　　　　　　　　　　（第4段）

　　A 接触皮肤检查身体　　　　B 利用视频远程看病

　　C 通过语言命令开药方　　　D 使用网络收集病人资料

(三) 实况阅读

第十届北京市科技博览会

第十届北京市科技博览会于3月15日—16日在北京展览中心成功举办。展览内容包括信息技术、人工智能（AI）、软件服务、新型技术产品等。此次展览有多家国内外知名公司和企业参展，几千名专业人士及客商参观，其中几款与普通人生活关系密切的新产品吸引了大家的目光。

可食用餐具 	这套餐具包括碗、筷、勺，均由面粉及其他可食用的材料制作而成。碗可以用来盛放菜和汤，并且和筷子、勺子一样，在使用完后可以当主食吃掉，味道非常不错。这套餐具既耐高温又耐低温，但碗里放汤或其他液体的时间不能超过6个小时，否则碗会变形。
无痕擦除笔 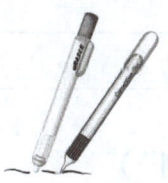	如果写错了，轻轻一按这种笔，笔中就会流出擦除液。笔用在哪儿，哪个地方就会被擦得干干净净，而且可以反复擦除同一个地方。不过，每支笔里的擦除液有限，可使用1000次左右。
支架帽 	将这种帽子戴在头上时，帽子上安装的支架能帮你夹住手机、文件、书等东西。支架的长短还能调节，你可以把手机拉到眼前使用，完全解放双手。不过一定要注意，不要一边看支架上的东西一边走路或开车。

乐读 5

自动加热杯  在这种杯子底部放上 2 节 5 号电池，想喝热水时，轻轻一按，杯子就开始自动加热。想喝茶、喝咖啡，再也不用担心找不到热水了。加热的温度可以自己选择，但最高只能加热到 95 ℃。

1 根据不同人的需求，找到最适合他们的产品，并简述使用方法

（1）想一边吃饭一边看手机的人。
适合的产品：_____
使用方法：_____

（2）平时要写很多字的中学生。
适合的产品：_____
使用方法：_____

（3）想吃方便面又不想洗碗的人。
适合的产品：_____
使用方法：_____

（4）出去旅行时，想随时喝热茶的人。
适合的产品：_____
使用方法：_____

2 根据课文内容，判断对错（在括号中填"对""错"或"没提到"）

（1）此次科技博览会的人工智能技术最受关注。（   ）
（2）可食用餐具如果长时间放液体很容易变形。（   ）
（3）擦除笔可以无限次擦除错字。（   ）
（4）自动加热杯可以在插上电源后使用。（   ）
（5）自动加热杯的温度只能控制在 70 ℃。（   ）

阶段测试（一）

一、完形填空

1

宠物是孩子的好伙伴，它们可以跟孩子一起玩儿，也能跟孩子交流感情。孩子可以对它们说自己的心事。它们虽然不会说话，__(1)__，能给孩子带来安慰。宠物__(2)__人类的很多特点。孩子生病时，宠物会陪着他们，帮助他们勇敢地__(3)__困难。

此外，宠物也需要孩子的照顾。照顾宠物的过程可以__(4)__孩子实际生活的能力，还能培养孩子的爱心。

（1）A 却是最好的听众　　　　　　B 因此经常去户外活动
　　 C 而且能模仿人的动作　　　　D 竟然喜欢接近陌生人
（2）A 具体　　　　B 具备　　　　C 全部　　　　D 全体
（3）A 面前　　　　B 对面　　　　C 面临　　　　D 面对
（4）A 提高　　　　B 增高　　　　C 提到　　　　D 升高

2

虽然我们每个人都知道锻炼的好处，但是大家都觉得自己的时间很紧张，很难抽空儿__(1)__健身锻炼。那么，有没有省钱、省时间，又方便的锻炼肌肉的好办法呢？

答案当然是有，我们可以直接在家锻炼，而且这既不会__(2)__我们的工作，也不会耽误我们的约会。合理__(3)__家里的椅子、沙发等物品进行身体的伸展等运动，重复多次，就可以达到理想的__(4)__。那么现在我们就来一起运动一下儿吧！这套动作只需要20分钟就可以完成。

（1）A 弄　　　　　B 干　　　　　C 进行　　　　D 加以
（2）A 挡住　　　　B 放弃　　　　C 影响　　　　D 减少
（3）A 利用　　　　B 享用　　　　C 运用　　　　D 采用
（4）A 成果　　　　B 效果　　　　C 后果　　　　D 果实

乐读 5

3

有人说，是"懒人"促进了科技的发展。虽然听着有点儿讽刺，但我非常__(1)__这一说法。享受生活是人的美好__(2)__，正是有了这种希望，人们才会努力工作，不断进步。因此，"懒"并不是坏事，而是一种__(3)__。其实，历史上就有很多著名的"懒人"。汽车、电脑、洗衣机等，都是"懒人"发明家的__(4)__。"懒"不断促进着科技和经济的发展，将来的世界很可能会__(5)__。

（1）A 反对　　　　B 一致　　　　C 赞同　　　　D 点头
（2）A 期待　　　　B 愿意　　　　C 特点　　　　D 意思
（3）A 动机　　　　B 威胁　　　　C 缺陷　　　　D 动力
（4）A 物品　　　　B 贡献　　　　C 享受　　　　D 待遇
（5）A "懒人"越来越少　　　　　　B 再也不用工作了
　　 C 成为"懒人"的时代　　　　　D 不再有新的发明了

4

在如今这种节奏快、压力大的现代生活中，各种生理、心理问题也随之__(1)__，现代人常出现焦躁、__(2)__、失望等负面情绪。

那如何管理好自己的负面情绪呢？__(3)__说"管理"而非"抑制"，是因为负面情绪是正常的，应该被接受。有不少人习惯于将愤怒、难过等情绪放在心里，以为它们会慢慢地自然__(4)__。其实并不是这样，负面情绪如果不处理，__(5)__会累积和增加。因此，找到合适的方法，让好心情代替坏心情才能真正消除负面情绪。

（1）A 生产　　　　B 制造　　　　C 产生　　　　D 发明
（2）A 烦恼　　　　B 愉快　　　　C 平静　　　　D 乐观
（3）A 因此　　　　B 由于　　　　C 是为了　　　D 之所以
（4）A 缓解　　　　B 汇集　　　　C 提高　　　　D 废除
（5）A 并未　　　　B 反而　　　　C 由于　　　　D 到底

二、排列句子顺序

1. A 中国有句古话叫"笑一笑，十年少"
   B 所以说笑对健康有好处是有一定道理的
   C 现代研究也已证明，除缓解压力以外，笑还能帮助减肥，强健身体

2. A 所谓"老好人"是指那些性格温和、不会拒绝的人
　　B 因此，他们看似与人相处得不错，却难以交到真正的朋友
　　C 他们原则性不强，不愿或不敢反对他人的意见　　_____

3. A 不仅如此，在选择之后，他们还常回头再看已放弃的选项
　　B 面对选择，许多人都会在反复比较中犹豫很长时间
　　C 看是否做出了让自己后悔的错误决定　　_____

4. A 很多时候，人们本来想用它学习、工作
　　B 手机是一种很奇特的工具
　　C 然而最后却往往会以娱乐、放松结束　　_____

5. A 值得考虑的是，如何使利大于弊
　　B 有促进发展的一面，也有影响进步的一面
　　C 科技发明和创造常具有两面性　　_____

三、读后回答问题

1. 遗忘在学习之后立即开始，而且整个过程是不均衡的。最初遗忘速度很快，以后逐渐放缓。有资料表明，如不做任何记忆，学到的知识在一天后就只剩之前的25%了。

　　✳ 根据遗忘的这个特点，我们应该怎么做？

　　A 及时复习　　　　　　　　　　B 多记忆数字
　　C 多记忆新的知识　　　　　　　D 学完过一段时间再复习

2. 这款游戏最初是一个实验室开发的。设计者认为，人类的大脑就像肌肉一样，可以锻炼。锻炼得越多，智力水平就越高。目前，已有几十家公司争抢这一游戏的销售权。

　　✳ 这款游戏属于下列哪类？

　　A 休闲类　　　　　　　　　　　B 战争类
　　C 体育类　　　　　　　　　　　D 益智类

3. 这家公司专门设计、生产各类筷子。这些筷子采用不同的材料制成,颜色多样,质量上乘,自用或当作礼物均可,得到了消费者的认可。

   ★ 关于这家公司制造的筷子,下列哪个特点没有提到?

   A 受欢迎　　　　　　　　　B 质量好

   C 颜色丰富　　　　　　　　D 使用进口材料

4. 森林对环境有很好的保护作用。因为森林里的植物可以留住更多的水,使空气变得湿润,还可以调节当地的温度。

   ★ 森林能够保护环境主要表现在哪个方面?

   A 减少降雨　　　　　　　　B 降低气温

   C 使空气湿润　　　　　　　D 使降雪受到限制

5. 狗是很聪明的动物,但要让它完成一些任务,只教一次是不可能让它马上就记住的。应该耐心地一遍一遍地教它,使它熟悉,然后才能学会。

   ★ 怎样训练狗完成任务?

   A 重复教　　　　　　　　　B 说清楚

   C 马上考试　　　　　　　　D 跟它熟悉

四、选出与段落意思一致的一项

1. 很多短跑运动员在训练中都曾遭遇过"瓶颈期"——在经过一段时间的训练后,不但没有进步,速度反而明显低于从前。这时应该暂时停止训练,释放压力,寻找问题。之后才有可能突飞猛进,成功突破"瓶颈期"。

   A "瓶颈期"会迅速结束

   B "瓶颈期"是指不断进步的时期

   C 出现"瓶颈期"时最好不要继续训练

   D 出现"瓶颈期"一般来说是因为训练时不够努力

2. 超忆症是一种极为少见的医学现象,表现为大脑拥有自动记忆的功能,会将所有经历过的事情丝毫不差地记住,而且可以在很多年后仍然清楚地记得。患者通常对数字、时间记得尤为清楚。

   A 超忆症是比较常见的记忆现象

B 超忆症患者不需要主动记忆也能记住

C 超忆症患者会大概地记住以前的经历

D 超忆症患者会在多年后逐渐自然遗忘

3. 经常熬夜的人常会感到疲倦、头痛，时间久了，还会发现免疫力也在下降。许多年轻人觉得无所谓，可他们不知，到老的时候，身体的许多毛病就会显现出来，到时候再后悔就来不及了。

A 年轻人体力恢复得更快

B 免疫力下降会让人失眠

C 熬夜对老年人的影响最大

D 熬夜的影响可能会延续到老年

4. 有氧运动是指以增强人体吸入、输送、使用氧气的能力为目的的运动。它的特点是强度低、不中断、有节奏，而且持续时间较长。有氧运动，如步行、骑自行车等，能有效地改善心肺功能，调节心理和精神状态。

A 有氧运动的强度一般比较大

B 有氧运动专为缺少氧气者设计

C 有氧运动对身体和心理都有好处

D 有氧运动时应运动和休息交替进行

5. 塑料购物袋为消费者提供了便利，但对其过量使用或处理不当，也会造成严重的资源浪费和环境污染。特别是超薄塑料购物袋，它容易破损，且大多被随意丢弃，成为"白色污染"的主要原因。越来越多的国家和地区已经限制超薄塑料购物袋的生产、销售和使用。

A 生产塑料会造成白色污染

B 塑料袋比其他包装袋便利

C 厚塑料袋容易被随意丢弃

D 多国开始限用超薄塑料袋

第七课　也说情商

心理学家普遍认为，人的智商固然重要，但情商更重要。情商决定着一个人如何进行选择、如何管理自己的情绪，甚至能够决定一个人的命运。你认为这样的说法有道理吗？

第一部分：知识银行

（一）常用字

1　极 jí

形声字，左边的"木"表示意义，右边的"及"表示读音。本义为"房屋最高的地方"。

现代汉语中，"极"可表示"顶点、尽头、达到最大限度"等意义。常用作构词语素，一般不单独使用。

例：极力　极度　极限运动　极目远望

练习：想一想画线词语的意思

（1）这种茶产量低，口感好，算得上是茶中极品，价格也远远高于普通茶。

（2）终于获得了团体冠军，全体队员都高兴到了极点。

（3）他的工作能力很强，虽然刚来一个月，领导对他极其满意。

2　泄 xiè

形声字，左边的"氵"表示意义，右边的"世"表示读音。"泄"的本义是古代的水名。

现代汉语中，"泄"的常用义有"（液体或气体）排出、漏出、秘密暴露（bàolù, to leak out, to expose），尽量表现出某种感情"等。常用作构词语素，一般不单独使用。

例：泄洪　水泄不通

泄露　泄密

发泄　泄恨　泄愤

📝 练习：想一想画线词语的意思

（1）每到上下班时间，这条路都被堵得水泄不通。

（2）其实，哭是宣泄不良情绪的一种方法。

（3）今天的比赛虽然输了，但大家别泄气，明天还有机会。

（二）常用书面词语

1　令：让，使。

（1）他的工作既轻松又有趣，真令人羡慕。

（2）他的行为令所有人感到吃惊。

2　未必：不一定。

（1）在我看来，没能进大公司工作未必是坏事。

（2）人们常说便宜没好货，其实未必如此。

（三）常用格式

1　……，……反倒……：表示跟前文意思相反或跟预期相反。

（1）一个月没浇水，这盆花反倒长得更好了。

（2）我好心帮她，她反倒不高兴。

2　凡是……都……：表示在一定范围内没有例外。

（1）凡是认识李老师的人，都说他是个好人。

（2）他记性特别好，凡是学过的词，都不会忘。

第二部分：技巧训练

技巧（十三）：利用标点符号理解句义

标点符号可以传递一定的语义信息。比如：冒号（：）主要用来提示下文；顿号（、）主

乐读 5

要用在并列的词或短语中间，表示停顿；问号（？）用在疑问句尾；叹号（！）用在感叹句尾；问号与叹号连用（？！）常用来表示句子有疑问和感叹两种语气，而且两种语气都比较强烈；破折号（——）后边的内容常常是对前文的注释或者说明；引号（" "）或者用来引述别人的话，或者用于强调，或者表示其中的词语有某些特殊含义，有时有反语的效果，用来表示讽刺。

练习：读句子，选择正确答案

（1）她特别喜欢把自己的各种不幸与人"分享"，从而得到更多人的同情。

　　这句话表达了说话者什么态度？

　　A 理解　　　　　　　　B 赞同

　　C 讽刺　　　　　　　　D 同情

（2）几年不见，他的家乡发生了翻天覆地的变化——一排排老房子变成了拔地而起的高楼；弯弯曲曲的小道铺成了笔直、宽阔的马路；就连路边的小店都换了风格统一的牌子，看起来整齐有序。

　　这段话想表达的主要意思是什么？

　　A 老房子变成了高楼

　　B 弯曲的小道变直了

　　C 马路边的小店整齐有序

　　D 家乡发生了很大的变化

（3）小王真是这么说的？！

　　从这句话可以知道什么？

　　A 说话人赞同小王的话

　　B 说话人反对小王的话

　　C 说话人想到了小王会这么说

　　D 说话人想知道小王说的是否是真话

技巧（十四）：理解流水句内的逻辑关系

"流水句"是汉语特有的一种句式，一个小句接一个小句，小句之间没有关联词语连接，像流水一样。小句的主语、宾语有时会用人称代词指代，所指对象需要读者或听者根据小句间的逻辑关系来判断。例如："一个母亲带女儿逛街，觉得她一定很开心，没想到女儿却紧张地拉着她，哭着要回家。"这个句子中第一个"她"指的是"女儿"，第二个"她"指的是"母亲"。阅读时，根据上下文的时间关系、逻辑关系等确定人称指的是谁，将有助于我们快速准确地理解语段或语篇的意思。

练习：根据上下文，选出画线处省略的主语

（1）小李至今还记得，___①___ 刚上小学一年级的时候，邻居张叔叔来给她爸过生日，___②___ 带了圆桌那么大的一个蛋糕，一群人吃着蛋糕笑啊、说啊，___③___ 不知道有多么开心。

　　A 张叔叔　　　　　B 一群人　　　　　C 小李

（2）对你来说，这样的人似曾相识吗？___①___ 不会看别人的脸色，也不懂得开玩笑；___②___ 说错话的时候，别人轻轻踢他一下儿表示提醒，他反倒生气地大声问："你踢我干吗？"

　　A 你　　　　　　　B 别人　　　　　　C 这样的人

（3）回到家乡，我发现村里的男女老少都变化很大，___①___ 穿衣打扮更加时髦了，开车出行的人也不在少数。遇到从小一起长大的朋友，___②___ 一时都没认出来，直到___③___ 开口，我才听出那熟悉的乡音。

　　A 我　　　　　　　B 村里人　　　　　C 朋友

第三部分：阅读实践

（一）精读

1 生词学习

1	体现	tǐxiàn	V	to embody, to reflect	体现……的精神；体现……的作用
2	持续	chíxù	V	to last, to sustain	持续一周；持续发展
3	消极	xiāojí	Adj	negative	态度消极；消极情绪
4	热衷	rèzhōng	V	to be keen on	热衷于足球；热衷旅行
5	分享	fēnxiǎng	V	to share	分享快乐；与人分享
6	待遇	dàiyù	N	treatment	公司的待遇；待遇很好
7	安慰	ānwèi	V/Adj	to comfort; consolable	安慰朋友；感到很安慰
8	发泄	fāxiè	V	to give vent (to)	发泄不满情绪；发泄出来
9	凡是	fánshì	Adv	every, all, any	凡是学生都可以享受半价。
10	考察	kǎochá	V	to investigate	考察市场；实地考察

乐读 5

11	角度	jiǎodù	N	angle, point of view	不同的<u>角度</u>；看问题的<u>角度</u>
12	蹲	dūn	V	to squat	<u>蹲</u>下来；<u>蹲</u>着
13	未必	wèibì	Adv	may not, not necessarily	<u>未必</u>知道；<u>未必</u>如此
14	对方	duìfāng	N	other (or opposite) side, other party	理解<u>对方</u>；<u>对方</u>的观点

2 热身练习

（1）"智商做事，情商做人"这句名言_____了情商举足轻重的作用。
　　A 出现　　　　　　　　　　　　B 体现

（2）约十小时的专业训练就能使情商明显提高，并且这种提高是可_____的，不会随着时间推移而减退。
　　A 持续　　　　　　　　　　　　B 坚持

（3）看个喜剧笑一笑，是_____不良情绪的好办法。
　　A 发泄　　　　　　　　　　　　B 消失

（4）_____懂得分享快乐的人，所得到的快乐都将加倍。
　　A 只是　　　　　　　　　　　　B 凡是

（5）站在别人的角度，你会发现自己的想法_____那么正确。
　　A 未必　　　　　　　　　　　　B 必须

3 课文：也说情商

思考题：
（1）情商低的人有什么表现？
（2）情商可以提高吗？

1　对你来说，这样的人似曾相识吗？不会看别人的脸色，也不懂得开玩笑；说错话的时候，别人轻轻踢他一下儿表示提醒，他反倒生气地大声问："你踢我干吗？"女朋友对他说："我觉得我没有你前女友漂亮。"他极其认真地说："没事，我不喜欢漂亮的。"这样的人常让人哭笑不得，人们对他们的评价往往是

"情商太低"。

2　在很长一段时间里，人们都习惯于将智商高低作为能否成功的标准。而现在的研究表明，情商对成功更具有决定性。"智商做事，情商做人"这句名言就体现了情商举足轻重的作用。

3　令人高兴的是，情商不是一成不变的，是可以通过学习和训练不断提高的。有实验证明，约十小时的专业训练就能使情商明显提高，并且这种提高是可持续的，不会随着时间推移而减退。在日常生活中，我们可以尝试从三方面做起。

4　首先，放下消极情绪。当我们愤怒、失望、压力大的时候会怎么做？一些人会一直发脾气、喊叫，甚至大哭、怨天尤人，总觉得问题出在别人身上。不仅如此，有的人还热衷于把自己的难过不停地、反复地与他人"分享"，使周围的人也都被消极情绪所包围。其实，每个人都会经历消极情绪，并不是某个人的特殊"待遇"。因此，要学会自我鼓励、自我安慰，使自己尽快平静下来。比如去户外运动运动、看个喜剧笑一笑等，都是发泄不良情绪的好办法。

5　其次，用积极的态度看世界，传递积极情绪。凡是懂得分享快乐的人，所得到的快乐都将加倍。用积极的态度看世界不仅会帮你赢得快乐，还会使你获得机会和成功。有家鞋厂为了开发市场，让两个员工去一个乡村考察。甲回来说："不行，那儿卖不了，他们都不穿鞋。"乙回来说："太好了，应该去那儿卖，他们都没有鞋穿。"老板马上让乙做了经理。多看优点、多鼓励，积极情绪就会不断扩大，希望也会越来越大。

6　最后，学会站在别人的角度思考问题。有一年春节，大街上人很多，树上挂着彩灯、气球，非常热闹。一个母亲带女儿逛街，母亲觉得她一定很开心，没想到女儿却紧张地拉着她，哭着要回家。母亲正要批评她，突然发现孩子的鞋带开了，她便蹲下给女儿系鞋带。抬头时她被眼前的情景惊呆了——没有彩灯，没有气球，除了来来往往的双腿，她什么也看不见。

7　站在别人的角度，你会发现自己未必正确，你会更理解对方。不要把你的喜好强加于人，多听听别人的想法，了解事情的前因后果后再做决定。试试这

些方法吧,渐渐地,你会发现朋友越来越多,生活越来越美好。

(课文字数:966字)

▶ 第一步:通读课文,回答问题

(1)情商低的人有什么表现?

_____

(2)情商可以提高吗?

_____

▶ 第二步:细读课文,完成练习

(1)根据课文内容,判断对错(在括号中填"对""错"或"没提到")

　　①课文主要介绍智商和情商的关系。(全文)(　　)

　　②情商低的人不喜欢漂亮的人。(第1段)(　　)

　　③情商会随着年龄的增长而变化。(第3段)(　　)

　　④用积极的态度看待问题,成功的可能性更大。(第5段)(　　)

　　⑤文章总结了提高情商的三种主要方法。(全文)(　　)

(2)根据课文内容,选择正确答案

　　①情商低的人有时会带给别人什么感觉?　　　　　　　　　　(第1段)

　　　A 举足轻重　　　　　　　　B 感同身受

　　　C 一成不变　　　　　　　　D 哭笑不得

　　②情商的提高需要什么?　　　　　　　　　　　　　　　　　(第3段)

　　　A 人们的评价　　　　　　　B 专业的训练

　　　C 持续的实验　　　　　　　D 智商的帮助

　　③下列哪种方法不能帮助人们放下消极情绪?　　　　　　　　(第4段)

　　　A 看一部令人开心的电影

　　　B 跟亲人、朋友反复抱怨

　　　C 去跑步、打球,或者做做瑜伽(yújiā, yoga)

　　　D 对自己说"没事的,一切都会好的"

　　④乙能做经理的主要原因是什么?　　　　　　　　　　　　　(第5段)

　　　A 跟甲说的话完全相反　　　B 拥有积极的销售态度

　　　C 对乡村的考察更深入　　　D 有比较高的销售技巧

⑤ 课文中的女儿为什么哭着要回家？　　　　　　　　　　　　　　　　（第 6 段）

　　A 她的鞋带开了　　　　　　B 被妈妈批评了

　　C 害怕拥挤的人群　　　　　D 不喜欢彩灯和气球

▶ 第三步：句义理解

（1）不会看别人的脸色，也不懂得开玩笑。　　　　　　　　　　　　（第 1 段）

　　根据这句话可以知道，情商低的人：

　　A 开玩笑时说不清楚

　　B 不关注别人的心情

　　C 说话时不看对方的脸

（2）有实验证明，约十小时的专业训练就能使情商明显提高，并且这种提高是可持续的，不会随着时间推移而减退。　　（第 3 段）

　　最符合这句话的情商变化趋势是：

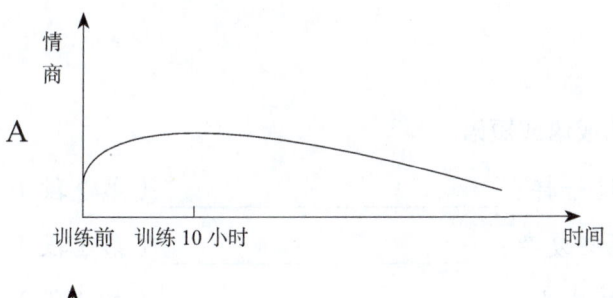

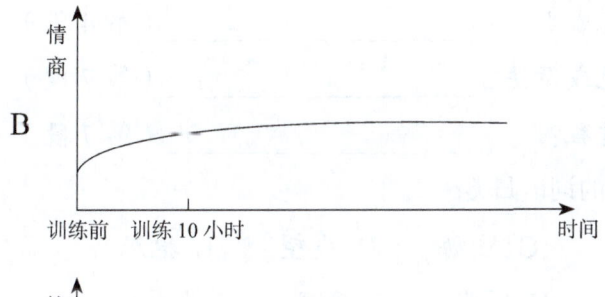

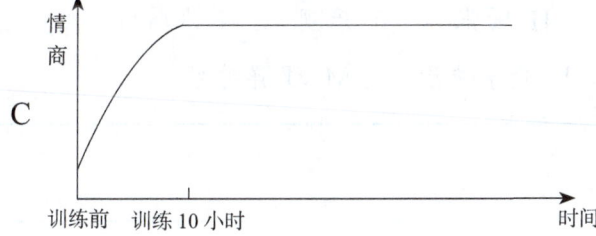

（3）每个人都会经历消极情绪，并不是某个人的特殊"待遇"。　　　　（第 4 段）

　　这句话中的"待遇"为什么加引号？

　　A 不是"待遇"本来的意思

　　B 为了引起读者注意

C 强调这种待遇值得重视

（4）抬头时她被眼前的情景惊呆了——没有彩灯，没有气球，除了来来往往的双腿，她什么也看不见。　　　　　　　　　　　　　　　　　　　（第6段）

　　什么情景让"她"感到吃惊？

　　A 看到了很多行人

　　B 树上的彩灯和气球都不见了

　　C 她跟女儿看到的情景不一样

（5）不要把你的喜好强加于人，多听听别人的想法，了解事情的前因后果后再做决定。　　　　　　　　　　　　　　　　　　　　　　　　　　　（第7段）

　　根据这句话可以知道，做决定前要注意：

　　A 先确定自己的爱好

　　B 按照别人的想法做

　　C 弄清事情的全过程

▶ 第四步：词义理解

（1）从课文中找出表示下列意思的成语或短语

　　① 好像以前见过或者经历过一样：＿＿＿＿＿＿＿＿＿＿（第1段）

　　②（面对某种情况）心情有些复杂：＿＿＿＿＿＿＿＿＿＿（第1段）

　　③ 遇到困难时，总抱怨环境或别人：＿＿＿＿＿＿＿＿＿＿（第4段）

　　④ 强迫别人接受自己的意见或做法：＿＿＿＿＿＿＿＿＿＿（第7段）

　　⑤ 事情的起因、结果和全过程：＿＿＿＿＿＿＿＿＿＿（第7段）

（2）按照下面的两种分类，将给出的词语归类

　　　　A 开心　　B 愤怒　　C 鼓励　　D 失望　　E 抱怨
　　　　F 难过　　G 安慰　　H 紧张　　I 乐观　　J 发脾气
　　　　K 多看优点　　L 分享快乐　　M 理解对方

消极情绪或行为	
积极情绪或行为	

▶ **第五步：讨论**

你怎么理解"智商做事，情商做人"这句话呢？

▶ **第六步：朗读课文**

（二）泛读

情商测试

这是一套全球流行的情商测试题，共35题。国内外多家企业都曾以此为员工情商测试的模板，帮助员工了解自己的情商状况。我们选取了其中的20题，测试时间10分钟。如果你准备好了，就来测一测吧。（本测试非专业测试，结果仅供参考。）

开始测试：

序号	问题	A 从来不	B 有时候	C 常常	D 总是
1	我对学习的内容或者工作中的事很感兴趣				
2	我了解自己在什么情况下会有愤怒、难过、紧张等消极情绪				
3	我能很好地控制情绪，从我的脸上不容易看出愤怒、难过等消极情绪				
4	我希望知道自己的优点和缺点，并愿意慢慢改正缺点				
5	我会不断地给自己希望，并相信目标能实现				
6	我希望周围的事都是一成不变的，天气、地点等改变也会让我的情绪有很大波动				
7	压力比较大时，我会吃不好、睡不好，甚至影响日常生活				

(续表)

序号	问题	A 从来不	B 有时候	C 常常	D 总是
8	我会因为日常小事而不开心,而且这种不开心会持续一两天的时间				
9	我认为做选择很难,会犹豫很长时间,做出选择以后还是不确定正确与否				
10	遇到困难时,我有办法自我安慰、自我鼓励				
11	在和亲人、朋友相处时,我善于发现他们的优点				
12	聊天儿时,我很注意对方的情绪,并能发现对方情绪的变化				
13	遇到不喜欢的人,我不会躲开,反而会主动打招呼				
14	我不太愿意跟别人分享快乐,或者跟别人合作				
15	我很在意别人对我的评价,对批评或不满很难接受				
16	遇到不开心的事时,我会跟亲人或朋友抱怨,得不到支持就会发脾气				
17	跟朋友和亲人说自己的困难时,我习惯于说得更严重一些				
18	看到别人的进步或成功,我心里不太舒服				
19	我对别人的要求极其严格,对自己的要求比较低				
20	我会把自己的喜好强加于人,希望对方听我的				

评分：

情商水平不像智商水平那样可以用测验分数比较准确地表示出来，它只能根据个人的综合表现进行判断，评分结果仅供参考。

第 1～5 题 第 10～13 题	选 A 得 2 分 选 B 得 3 分 选 C 得 4 分 选 D 得 5 分	共 _____ 分
第 6～9 题 第 14～20 题	选 A 得 5 分 选 B 得 4 分 选 C 得 3 分 选 D 得 2 分	共 _____ 分
		总分：_____ 分

测试结果和分析：

60 分以下：偷偷地提醒你，你的情商有点儿低。你常控制不了自己的喜怒哀乐，不善于自我安慰、自我鼓励。你很容易产生消极情绪，并且会被一些小事持续影响。你可能不太注意与他人分享、合作。亲人和朋友未必不喜欢你，但常苦于无法与你互相理解和沟通。你需要通过学习和训练提高自己的情商了。

60～79 分：你的情商一般，需要加以提高。对于同一件事，不同的时候，你的表现不一样。这体现出有时你能控制自己的喜怒哀乐，有时无能为力。你对自己、对别人的了解还不够，朋友圈也需要不断扩大。你要多提醒自己，换个角度思考问题，使自己的情商逐渐稳定，并有所提高。

80 分及以上：恭喜你，你的情商比较高。你是一个快乐的人，在工作和生活中都非常乐观。对于自己的情绪，你既可以很好地感受到内心的变化，又可以适当地进行调整和控制。对于家人和朋友，你可以对他们的情绪感同身受并能够正确面对、恰当处理，大家都乐于和你相处。拥有这样的情商，你一定会在很多方面获得成功！

乐读 5

1 根据课文内容，选择正确答案

（1）关于文中所用的情商测试题，下列哪种说法不正确？

　　A 需要完成35道测试题

　　B 选自世界流行的测试题

　　C 曾被国内外多家公司选用

（2）测试结果和分析中提到，情商在60分以下的人，有什么特点？

　　A 无法与朋友互相理解

　　B 很难得到亲人的喜爱

　　C 处理小事时愿意与他人合作

（3）测试结果和分析中提到，60～79分的人情商不太稳定，表现在哪个方面？

　　A 朋友圈有时很小，有时很大

　　B 对自己的喜怒哀乐总是无能为力

　　C 对于同一件事，不同时候的态度不一样

2 讨论

你觉得需要了解自己的情商情况吗？为什么？

（三）实况阅读

健康资讯

中医常识	医药常识	情绪健康	中医疗法	针灸推拿
中医养生	四季养生	药食同源	中医保健	家庭按摩
				站内搜索

　　人的健康与情绪有着密切的关系，积极的情绪对健康有益，而消极的情绪会影响身心健康，甚至导致疾病。俗语"笑一笑，十年少；愁一愁，白了头"说的就是这个道理。被称为"医之始祖"的中国最早的医学典籍《黄帝内经》中就有关于人的情绪与五脏健康的研究记载："怒伤肝，喜伤心，思伤脾，悲伤肺，恐伤肾。"

　　怒：人在愤怒、发脾气时，面红耳赤、肝气不通，长此以往对肝脏不好。

喜：喜悦本是好事，使气血畅通，身心放松。但过度高兴、大笑不止会导致心跳过快、血压急升，反而会伤害心脏。成语"乐极生悲"就是在劝告人们要懂得控制自己的情绪。

思：人经常忧虑担心、精神压力大会造成失眠，进而伤害脾胃，影响消化。

悲：陷入悲伤而不能自我安慰、整日发愁哭泣的人往往肺气不足，容易咳嗽气喘。

恐：长时间处于恐惧紧张或惊吓之中会导致人心神不定，最终损伤肾气。

1 将"消极情绪"与可能导致的"健康问题"连起来

消极情绪　　　　　健康问题
（1）愤怒　　　　A 肾气不足
（2）过喜　　　　B 消化不良
（3）忧虑　　　　C 咳嗽气喘
（4）悲伤　　　　D 肝脏受损
（5）惊恐　　　　E 心跳过快

2 根据课文内容，判断对错（在括号中填"对""错"或"没提到"）

（1）俗语"笑一笑，十年少；愁一愁，白了头"的意思是不要经常笑。（　　）

（2）《黄帝内经》是中国最早的医学典籍。（　　）

（3）"喜伤心"和成语"乐极生悲"都劝告人们高兴时不要表现出来。（　　）

（4）面临重要的考试或面试时，人们可能会没有胃口。（　　）

（5）这篇文章可能属于"中医养生"中的"四季养生"。（　　）

第八课　招聘之道

有人说简历是求职者的"敲门砖",一份内容丰富、排版美观的简历可以使招聘者印象深刻,好感加倍。事实上,你真正了解招聘者看重的是什么吗?今天我们就来看看公司和企业的招聘之道吧。

第一部分:知识银行

(一)常用字

1 聘 pìn 聘

形声字,左边的"耳"表示意义,右边的"甹"(pīng)表示读音。本义为"访问、探问"。

现代汉语中,"聘"的常用义为"请人担任职务或承担工作"。可独立成词,也常用作构词语素。

例:招聘　聘用　解聘

 练习:选择合适的词语填空

　　　　　　　A 聘期　　B 应聘　　C 聘请

(1)本学期,学校将_____李教授为大家开设中国文化课程。
(2)来这家公司_____的有不少是名牌大学的毕业生。
(3)我公司面向社会招聘总经理,_____三年。

2 权 quán 權

形声字,繁体字为"權",后"藋"(guàn)简化为"又",本义为树名。

现代汉语中,"权"的常用义为"支配或指挥的力量""可以享受的利益"。可独立成词,也常用作构词语素。

例：权力　权限

权利　知情权　发言权　决定权

练习：选择合适的词语填空

（1）_____有权力为病人开药方。

　　A 医生　　　　　B 病人的家属

（2）快递物品损坏，_____有权利要求快递公司赔偿。

　　A 快递员　　　　B 收件人

（二）常用书面词语

1　……之道：……的方法或技艺。

（1）张总经理和我们分享了公司多年来的经营之道。

（2）同事之间、朋友之间、恋人之间有着不同的相处之道。

2　由此可见：从这种情况可以看出。

（1）这段时间她每天都吃得很少，还是没瘦下来。由此可见，用节食的方法减肥未必有效。

（2）他家很有钱，但是家人之间的关系不太好。由此可见，钱不一定能带来幸福。

（三）常用格式

1　……以……而……：表示因为某种原因、凭借某种手段，或者因为某种身份、状况等，引发后面的结果。

（1）这家公司一直以产品质量优异而闻名。

（2）由于准备不足，这场比赛以失败而告终。

2　宁可……也……：表示比较利害得失后，做出选择。

（1）老张是个球迷，宁可不睡觉，也要看比赛。

（2）我宁可饿着，也不愿意吃垃圾食品。

第二部分：技巧训练

技巧（十五）：通过词缀推知词义

汉语中真正意义上的词缀并不多，如"子——桌子，儿——花儿，们——你们"等。不过汉语中有一些类似词缀的成分，它们的特点是：位置固定，构词能力强。了解这些类词缀的意义对理解词义很有帮助，如"者（记者、作者、消费者）、手（歌手、新手、多面手）、才（天才、全才、奇才）、众（观众、大众、民众）"等。

📝 练习：解释画线词语的意思

（1）请求职者在月底前将简历发送到公司的邮箱。
（2）参加比赛的选手来自世界各地。
（3）每年临近毕业的时候，都有大公司来学校挑选人才。
（4）今天的表演受到了在线听众的热烈欢迎。

技巧（十六）：了解缩略语的形成途径

汉语里有一些词语是在原来短语的基础上省略一些字形成的，称为"缩略语"。缩略语常见的形成途径有：取短语首末两个最重要的语素，如"高等学校"简缩为"高校"、"空中小姐"简缩为"空姐"；取构成短语的词语中最有实际意义的语素，如"博士研究生导师"简缩为"博导"、"教育改革"简缩为"教改"；提取原短语中并列项的共同成分并以数字总括，如"包修、包换、包退"简缩为"三包"。

📝 练习：推测画线短语的缩略语

（1）我们公司近几年引进了不少环境保护技术，产品更受欢迎了。
（2）这次国际商务会议邀请了很多公司的老板和高级管理人员。
（3）小王因为体育考试成绩没有达到标准而无法按时毕业。
（4）如果吃药对失眠没有帮助，可以试试食物治疗。
（5）这个市场中有不少没有生产日期、没有质量合格证和没有生产厂家的商品。

第三部分：阅读实践

（一）精读

1 生词学习

1	招聘	zhāopìn	V	to recruit, to employ	招聘员工；招聘人才
2	求职	qiúzhí	V	to apply for a post	求职者；网上求职
3	制定	zhìdìng	V	to formulate	制定法律；制定标准
4	学历	xuélì	N	educational background	本科学历；学历很高
5	出身	chūshēn	V	to come from (previous experience or occupation)	出身名校；出身于教师家庭
6	反映	fǎnyìng	V	to reflect	反映社会生活；反映一个人的能力
7	采取	cǎiqǔ	V	to take or to use (a method or an attitude)	采取正确的方法；采取积极的态度
8	活力	huólì	N	vitality	充满活力；失去活力
9	格外	géwài	Adv	especially	格外美丽；格外重视
10	对象	duìxiàng	N	object, target	调查对象；招聘对象
11	整体	zhěngtǐ	N	whole, entirety	整体提高；整体搬运
12	创新	chuàngxīn	V/N	to innovate; innovation	创新能力；创新的想法
13	追求	zhuīqiú	V	to pursue	追求自由；追求创新
14	虚假	xūjiǎ	Adj	false, sham	虚假信息；虚假广告
15	谎称	huǎngchēng	V	to falsely claim	谎称生病；谎称未婚
16	宁可	nìngkě	Adv	(would) rather	我宁可再待业一年，也不想做不喜欢的工作。

2 热身练习

（1）快速找出下列句子中的本课生词

① 高管对公司用人标准的制定有着决定权。

② 学历可以反映一个人的知识水平，却无法反映他实际的工作能力。

③ 公司认为，只在少数名牌大学中招聘人才，会使公司失去活力。
④ 对于这家公司而言，你是一个非常理想的招聘对象。
⑤ 如果发现员工的简历中存在虚假信息会怎么样？

（2）词语搭配
①制定　　　　A 企业员工
②招聘　　　　B 用人标准
③追求　　　　C 积极态度
④采取　　　　D 创新发展

3　课文：招聘之道

思考题：
（1）公司招聘时看重哪些方面？
（2）制作简历的时候要注意什么？

1　大多数公司的高管都不会亲自对每一位求职者进行面试。但是，他们对公司用人标准的制定却有着决定权。因此，如果求职者想在应聘过程中表现出色，就应该了解一些著名公司高管和人力资源（rénlì zīyuán, human resources）经理的识人之道。

2　许多著名公司并不把高学历和出身名校作为挑选人才的唯一标准。在他们看来，学历可以反映一个人的知识水平，却无法反映他实际的工作能力。以一些国际知名的大公司为例，A 公司在招聘时，对应聘者的学校名称采取"不问、不说、不写"的态度。公司认为，只在少数名牌大学中招聘人才，会使公司失去活力。B 公司在招聘人才时，知识考查只用五分钟，而能力考查要用近一个小时。C 公司也偏爱能力较强的应聘者，他们认为知识和技术可以在几年内提高，而能力是与生俱来的，很难在短时间内改变。由此可见，应聘者吸收新知识的能力以及个人提升的空间是一些大公司格外重视的。

3　如果你比别人更容易沟通，更令人愉快，那么对于知名家具公司 D 公司而言，你将是一个非常理想的招聘对象。在这家公司看来，即使不做与顾客接触的工作，一个善于沟通的员工也将有助于公司的整体发展。

4　E公司拥有强大的开发团队，共分为40个小组，总人数超过2000人。与众不同的是，他们的很多小组都是以团队方式整体招聘进来的。例如，他们会将某校某届管理专业的学生全部录用，公司对于合作的重视可见一斑。

5　F公司以不断推出新产品而闻名于世，这种创新精神同样也体现在人才招聘上。他们有一套考查创新能力的独特办法。比如：招聘人员会给你一条绳子和一个打火机，让你用来计时；会问你"我国共有多少个加油站"。这些问题当然不是考查记忆力和常识，或许也没有标准答案，关键是看应聘者是否善于创新，能否尽快找到解决问题的方法。G公司甚至将跳过槽作为选人的重要标准，这也源于他们对于创新、活力和变化的追求。

6　如果发现员工的简历中存在虚假信息会怎么样？不少公司的做法是直接开除，而不是考虑他的能力再做决定。因为诚实是公司用人的根本。在H公司，曾有一位能力不错的部门负责人谎称去见客户，其实是去处理私事。事发后，这家公司毫不犹豫地开除了他。还有一家公司也曾表态，宁可用能力一般的"实在人"，也不愿用虚假的"聪明人"。

7　不同的企业文化对于应聘者的要求各有差异，但了解以上这些基本的标准，将会使你的求职之路走得更加顺利。

（课文字数：940字）

▶ **第一步：通读课文，回答问题**

（1）公司招聘时看重哪些方面？

_____

（2）制作简历的时候要注意什么？

_____

▶ **第二步：细读课文，完成练习**

（1）根据课文内容，选择正确答案

　　① 这篇课文主要介绍了什么？　　　　　　　　　　　　　　　　（全文）

　　　　A 一些大公司的招聘方式　　　　B 制作求职简历要注意的问题

　　　　C 面试时可能遇到的问题　　　　D 著名公司的招聘标准和要求

② A公司为什么不希望只在少数名牌大学中招聘？　　　　　　　　　　（第2段）

　　A 不同的人才在一起便于管理
　　B 同类人才会使公司逐渐失去活力
　　C 名牌大学的学生很难开发新产品
　　D 名牌大学的学生常常不愿问、不愿说

③ 大公司招聘时，为什么会问"我国共有多少个加油站"这样的问题？

　　　　　　　　　　　　　　　　　　　　　　　　　　　　　　（第5段）

　　A 公司非常关心国家的基本情况
　　B 想考查应聘者解决问题的能力
　　C 要求应聘者具备大量知识或常识
　　D 希望应聘者做充足的调查和准备

④ 大公司对于简历中存在虚假信息的员工会怎么处理？　　　　　　（第6段）

　　A 直接开除　　　　　　　　B 进行批评教育
　　C 根据工作能力决定　　　　D 说明公司的用人标准

⑤ 关于大公司的招聘标准和要求，课文中没有提到的是：　　　　　（全文）

　　A 善于沟通　　　　　　　　B 为人诚实
　　C 工作能力强　　　　　　　D 能够承受压力

（2）将不同的招聘标准和要求与对应的公司连起来

招聘标准和要求	公司
①重视应聘者的能力（第2段）	A D公司
②善于与人沟通（第3段）	B F公司
③注重团队合作（第4段）	C H公司
④追求创新、变化（第5段）	D B公司
⑤为人诚实（第6段）	E E公司

▶ 第三步：句义理解

（1）大多数公司的高管都不会亲自对每一位求职者进行面试。但是，他们对公司用人标准的制定却有着决定权。　　　　　　　　　　　　　　　　（第1段）

　　大多数公司的高管在公司招聘中的作用是：

　　A 决定招聘程序　　　B 参与所有面试　　　C 制定用人标准

（2）许多著名公司并不把高学历和出身名校作为挑选人才的唯一标准。（第2段）

对于学历和出身，许多著名公司的态度是：

A 完全不在乎　　　　　B 没有那么重视　　　C 看作唯一标准

（3）与众不同的是，E公司的很多小组都是以团队方式整体招聘进来的。（第4段）

下列哪项可能是E公司招聘的理想对象？

A 具有较高独立研究能力的名校毕业生

B 某校今年管理专业的20名优秀毕业生

C 因无法与同事相处而多次跳槽的求职者

（4）F公司以不断推出新产品而闻名于世，这种创新精神同样也体现在人才招聘上。

（第5段）

F公司的创新精神体现在什么方面？

A 培养和招聘创新人才

B 不断使产品闻名于世

C 推出新产品和人才招聘方式

（5）G公司甚至将跳过槽作为选人的重要标准，这也源于他们对于创新、活力和变化的追求。（第5段）

什么样的人不适合在G公司工作？

A 跳过槽的人　　　　　B 充满活力的人　　　C 一成不变的人

▶ 第四步：词义理解

（1）为画线词语选择恰当的解释

① C公司也偏爱能力较强的应聘者。（第2段）

　A 更喜欢　　　　　　　　B 只喜欢

② G公司甚至将跳过槽作为选人的重要标准。（第5段）

　A 换过工作　　　　　　　B 有工作经验

③ 这也源于他们对于创新、活力和变化的追求。（第5段）

　A 因此　　　　　　　　　B 来自

④ 曾有一位能力不错的部门负责人谎称去见客户，其实是去处理私事。（第6段）

　A 个人的事　　　　　　　B 秘密的事

⑤ 还有一家公司也曾表态，宁可用能力一般的"实在人"，也不愿用虚假的"聪明人"。

（第6段）

　　A 努力的人　　　　　　　　B 诚实的人

（2）选择合适的词语填空

　　A 闻名于世　　B 识人之道　　C 与生俱来　　D 与众不同

① 朋友们都喜欢养狗或猫，他却_____地养了一只小猪。
② 我们经理在招聘职员时有着自己特别的_____。
③ 故宫以其悠久的历史和高超的建筑艺术而_____。
④ 游泳对于很多动物来说都是_____的本领，不用后天学习。

▶ 第五步：朗读课文

（二）泛读

与人力资源负责人面对面

王艺：某网络公司人力资源部经理

陈山：某汽车公司高管

郑林：某律师事务所招聘负责人

生词：

1　主持人：求职是一个双向选择的过程，在招聘方式不断变化的今天，无论是招聘者还是求职者都会遇到挑战。我们收集了一些观众最感兴趣的问题，希望今天到场的三位嘉宾能为我们解答。欢迎三位！

2　三位嘉宾：谢谢主持人，各位观众朋友大家好！

3　主持人：陈先生，您能先给我们介绍一下儿目前比较常见的招聘渠道吗？

1. 渠道　qúdào　N channel

4 陈山：好的。目前常见的招聘渠道包括网络、媒体招聘，现场招聘会，校园招聘会，猎头公司，等等。其中，现场招聘会和校园招聘会比较传统、直接，适合在短时间内大规模地招聘毕业生或对工作经验要求不高的岗位。但这两种招聘渠道费时费力，容易受到主办方、时间、场地、现场情况等因素影响，因此有时求职者的数量和质量很难保证。

5 主持人：那贵公司目前采用哪种招聘方式呢？

6 陈山：我们主要采取网络招聘与猎头公司相结合的方式，既能降低招聘成本，又能在短时间内寻找到最适合的人才。我们偶尔也会通过电视、广播节目等媒体进行招聘，虽然花费较高，但对公司是一种不错的宣传。

7 主持人：目前，网络招聘非常流行，它不受时间和空间的限制，既迅速又便捷，请问两位女士，你们是否也使用网络招聘的方式呢？

8 王艺：对，微博、微信，还有各大招聘网站，都有我们公司的招聘团队，通过设置关键词去搜索需要的人才。不过部分网络求职者信息的真实度较低，内容常常不完整。因此，有了初步的人选后，我们还是会通过发邮件、打电话等方式联系，更多的沟通还是在线下完成的。

9 郑林：我们更偏爱公司内部推荐或熟人介绍的方式。这样不仅招聘成本低，而且成功率较高。据我所知，像微软这样的大公司也有近40%的员工是通过这种方式进入公司的。

2. 猎头　lièitóu　N
headhunting

3. 成本　chéngběn　N
cost

4. 设置　shèzhì　V
to set up

5. 搜索　sōusuǒ　V
to search (for)

10 主持人:内部或熟人推荐的员工来源类似,是否会导致缺乏创新精神,公司容易失去活力呢?

11 郑林:是有这种担心。但我们更看重这种招聘方式的好处,就是员工与公司文化的一致性以及优秀人才的留存。

12 主持人:什么样的简历会吸引你们的注意呢?

13 陈山:在我看来,形式、内容简单,重点突出的简历最有吸引力。过于复杂反倒会让人失去兴趣。

14 主持人:对于广大的求职者还有什么建议吗?

15 王艺:我想提醒求职者,每年年后的3、4月份和毕业季后的9、10月份是招聘旺季。求职者可以在这两个时间段多投简历。另外,简历中突出在大公司工作或实习的经历,使用简明的邮件题目,有助于招聘者更快、更准确地搜索到你。

(课文字数:980字)

6. 投　tóu　V
to submit (one's resume, writing, etc.)

1 根据课文内容,选择正确答案

(1) 课文中的对话最可能出现在什么场合? （全文）
    A 招聘现场
    B 电视访谈
    C 录音广播
    D 校园活动

(2) 下列哪项是陈山没有提到的招聘渠道? （第4段）
    A 猎头公司
    B 现场招聘会
    C 人才机构推荐
    D 网络、媒体招聘

（3）关于陈山所在公司的主要招聘渠道，下列哪种说法不正确？　　　　（第6段）

　　A 招聘成本较低

　　B 节省招聘时间

　　C 宣传效果较好

　　D 结合两种方式

（4）关于简历，课文中没有提到下列哪项内容？　　　　　　　　　　（全文）

　　A 简历中要突出求职者的性格

　　B 每年年后和毕业季后适合多投简历

　　C 在大公司的工作经历应该重点介绍

　　D 太复杂的简历难以吸引招聘者的注意

2 根据课文内容，判断对错（在括号中填"对""错"或"没提到"）

（1）王艺所在公司的招聘通常在线上进行沟通、面试。（第8段）（　　）

（2）微软公司一半以上的员工是通过推荐和介绍进入公司的。（第9段）（　　）

（3）内部或熟人推荐员工有优点也有缺点。（第10、11段）（　　）

（4）每年的招聘旺季主要集中在两个时间段。（第15段）（　　）

（5）大公司的推荐有助于招聘者更快、更准确地搜索到求职者。（第15段）（　　）

3 根据课文内容，完成下表

招聘渠道	优点	缺点
现场招聘和校园招聘	传统、直接	
网络招聘		
电视、广播等媒体招聘		花费较高
内部推荐或熟人介绍		

（三）实况阅读

平安汽车公司招聘启事

工作地点：上海
申请时间：8月25日—11月30日

一、公司简介

　　平安公司是世界十大汽车公司之一，成立于1937年。近五年年均产量超千万，产品销往世界150多个国家和地区。中国国内现有生产基地3个，经销商22家。

二、招聘职位

　　汽车销售人员5名（全职）。

三、工作职责

　　1. 提供新车销售以及汽车上牌等服务；
　　2. 定期与客户沟通交流，掌握客户信息及需要；
　　3. 定期提供销售分析数据；
　　4. 接受客户的意见和建议，迅速而诚信地解决客户的问题。

四、基本要求

　　1. 大学本科及以上学历，专业不限，汽车技术、市场营销专业优先；
　　2. 善于创新，善于团队合作、与人沟通；
　　3. 具备一定的英语听说读写能力，通过大学英语四级考试；
　　4. 具有1年及以上的4S店销售或汽车制造相关工作经验。

五、应聘方式

　　1. 本次招聘不接收纸质简历，请于11月30日前登录公司网站并上传电子简历；
　　2. 笔试通知将以电子邮件形式发出；
　　3. 应聘者对个人信息的真实性负责，如有虚假信息，公司将取消其应聘资格。

1 根据课文内容，选择正确答案

（1）关于平安汽车公司，下列哪项没有提到？
　　　A 汽车产量　　　　　　B 成立时间
　　　C 销售地区　　　　　　D 员工总数

（2）下列哪项不是汽车销售人员的职责？
　　A 为汽车上牌　　　　　　　B 销售新旧汽车
　　C 解决客户遇到的问题　　　D 收集客户的需求和信息

（3）本次招聘采取什么方式？
　　A 接收电子简历　　　　　　B 现场接收简历
　　C 接收短信简历　　　　　　D 组织校园招聘会

（4）文中提到在哪种情况下，公司将取消求职者的应聘资格？
　　A 简历中存在虚假信息　　　B 简历中不包括个人信息
　　C 未在11月30日前上传简历　D 以在线的方式参加笔试

2 根据要求，快速判断信息对错

下列信息符合文中对求职者的基本要求吗？符合的用"√"标记，不符合的用"×"标记，没有提到的用"/"标记。

兼职	（　）	应届毕业生	（　）	高中学历	（　）
诚实	（　）	不喜欢新事物	（　）	无外语等级证书	（　）
不善于说话	（　）	销售管理专业	（　）	要求独自工作	（　）
2年汽车销售经验	（　）	优秀的沟通技能	（　）	具有一定的英语交际能力	（　）

第九课　租与售

从古至今，房子对于中国人来说都有着至关重要的意义。它在一定程度上代表着一个人、一个家族的身份与地位，更象征着团圆与幸福。在现代社会，人们是怎么看待买房与租房的呢？

第一部分：知识银行

（一）常用字

1　售　shòu

形声字，"口"表示意义，即"开口叫卖"；"隹"（zhuī）表示读音。本义是"把东西卖出去"。现代汉语中，"售"仍沿用本义，即"卖"的意思。可独立成词，也常用作构词语素。

例：销<u>售</u>　预<u>售</u>　<u>售</u>价　<u>售</u>货员　<u>售</u>后服务

📝 练习：想一想画线词语的意思

（1）现在不用去中介公司，在网上就能查到很多<u>售房</u>信息。

（2）他是公司这个月的<u>销售</u>冠军，共卖出了五辆车。

（3）这种商品十件以下按<u>零售价</u>，单价8800元；十件以上按批发价，单价8500元。

2　资　zī

形声字，"贝"表示意义，与钱财有关；"次"表示读音。"资"的本义是"钱财"。

现代汉语中，"资"的常用义为"钱财、费用"，又引申为"资质""资格"等。常用作构词语素，一般不单独使用。

例：<u>资</u>金　工<u>资</u>　投<u>资</u>　出<u>资</u>

　　天<u>资</u>（talent）

　　论<u>资</u>排辈

📝 练习：为画线的词语选择合适的意思

　　A 用钱帮助　　B 双方或几方共同出钱　　C 做某事所具备的条件、能力等

（1）这是一家中外合<u>资</u>公司。

（2）房产中介机构必须具有相应的<u>资质</u>方可开展房地产租赁、买卖等业务。

（3）对于来自低收入家庭的学生，学校每人每年<u>资助</u>5000元生活费。

（二）常用书面词语

1　不亚于：不比……差 / 少 / 小 / 弱等。

（1）二手烟对普通人的危害<u>不亚于</u>直接吸烟。

（2）这套瑜伽动作的运动量<u>不亚于</u>在健身房里跑两个小时。

2　以来：从过去某时到现在的时间。

（1）中国人自古<u>以来</u>就十分讲究食物的搭配。

（2）长期<u>以来</u>，这个城市的人均消费水平一直低于全国人均消费水平。

（三）常用格式

1　……，除此之外……："除了……以外"，常与"还"搭配使用。

（1）他写过两部小说，<u>除此之外</u>还创作了几首歌曲。

（2）这款产品可以治疗失眠，<u>除此之外</u>还有护肤的功效。

2　……随着……而……：某事物根据其他事物或情况的变化而变化。

（1）记忆力会<u>随着</u>年龄的增长<u>而</u>下降吗？

（2）人们的观念<u>随着</u>社会的发展<u>而</u>不断变化。

第二部分：技巧训练

技巧（十七）：掌握构词能力强的类词缀

汉语中有一些表示人的类词缀，在"技巧（十五）"中，我们学习了"者、手、才、众"。还有一些，如"员（营业员、演员）、户（租户、用户）"等。

📝 **练习：选择合适的类词缀填空**

A 主　B 户　C 员　D 者　E 师　F 家

中介公司的经理介绍："这是最近刚建成的高档公寓，居住___(1)___大多是公司的高级职___(2)___、工程___(3)___、艺术___(4)___等。其中这几套可以出租，房___(5)___已经定好价格。我们先给客___(6)___介绍租金情况，然后再带他们看房。"

还有一些类词缀，构词能力很强，了解其意义对理解词义也很有帮助。如："性（适应性、普遍性）、感（美感、好感、动感、新鲜感）、度（知名度、清晰度、能见度）、化（绿化、美化、现代化）"等。

📝 **练习：选择合适的类词缀填空**

A 度　B 化　C 性　D 感

（1）这款汽车在行驶过程中的稳定_____非常出色。
（2）抱着玩具睡觉会给孩子带来一定的安全_____。
（3）与电视相比，观众在网上观看节目的自由_____更大。
（4）现在许多中介公司的服务都更加专业_____了。

技巧（十八）：合理分词断句

汉语在书写时字字相连，词与词之间无间隔，分词断句能力是汉语阅读的一项重要技能。有时，一个汉字本身是一个词，但也可以与其前边或后边相连的字构成一个词，如果分词出现偏差，就会影响对句义的理解。例如：

结婚还是独身，这/是/个人/的/选择。

＊结婚还是独身，这/是/个/人/的/选择。

📝 **练习：对下列句子中的画线部分进行切分**

（1）小王每天都要坐<u>两三个小时车上下班</u>。

（2）今年本市的GDP增长远高于专家的预测。

（3）近期，北京某房屋中介公司进行了一次市场调查。

（4）这所学校办学条件良好，师生比较高，接近1∶8。

（5）中国饮食文化已经历了几千年的发展过程。

第三部分：阅读实践

（一）精读

1 生词学习

1	时代	shídài	N	era, times	新时代；智能手机时代
2	观念	guānniàn	N	concept, idea	传统观念；不同的观念
3	优势	yōushì	N	advantage	技术优势；最大的优势
4	中介	zhōngjiè	N	intermediary	房屋中介；中介公司
5	比例	bǐlì	N	proportion	比例很高；男女比例
6	透露	tòulù	V	to reveal, to leak	透露消息；据媒体透露
7	负担	fùdān	N/V	burden; to bear (a burden)	巨大的负担；负担学费
8	计算	jìsuàn	V	to calculate	计算人数；计算面积
9	位置	wèizhì	N	location, position	居住的位置；变换位置
10	贷款	dàikuǎn/dài//kuǎn	N/VO	loan; to get/grant a loan	购房贷款；向银行贷款
11	利息	lìxī	N	interest	存款利息；高额利息
12	装修	zhuāngxiū	V	to fit up (a house, etc.)	装修新房；装修费用
13	档次	dàngcì	N	level, grade	酒店的档次；档次高
14	投资	tóu//zī/tóuzī	VO/N	to invest; investment	投资房地产；一大笔投资
15	合同	hétong	N	contract	租房合同；签订合同

乐读 5

2 热身练习（选择合适的词语填空）

（1）　　　　　A 投资　　B 档次　　C 位置　　D 比例

近年来，选择租房的人口___①___逐年上升。这是由于目前租房成本远低于买房，租房省下来的一大笔钱还可以用于___②___。另外，租房非常灵活。房屋的___③___可以根据收入的高低来选择，如果换工作了，居住的___④___也可以随之调整。

（2）　　　　　A 装修　　B 贷款　　C 负担　　D 利息

租房的优势之一就是租房者完全不用___①___房屋___②___所产生的___③___以及___④___、购买家具家电等各种其他费用。

3 课文：向我们走来的租房时代

> 思考题：
> （1）为什么很多中国人喜欢买房？
> （2）租房有哪些优势？

1　长期以来，身边的许多人不是已经买了房，就是在等待合适的机会买房。尽管房价上涨，国内的售房市场却仍然十分繁荣。其背后的重要原因之一就是中国人"有房才有家"的传统观念。

2　相对租房来说，买房的最大优势就是可以给居住者带来稳定性和安全感。因此，在北京、上海、广州等一线城市，面对市区的高额房价，一些人宁可选择在偏远的郊区买房，每天坐两三个小时车上下班，也不愿在工作单位附近租房。以北京为例，有资料显示，有近200万人每天从家到单位的往返距离超过80公里。对于这些人来说，每天上下班都不亚于一次长途旅行。

3　近年来，以"90后"为主的年轻人群体逐步进入社会。对于他们来说，是否买房已无关紧要，居住和生活的质量才是他们的追求。近期，北京某房屋中介公司进行了一次关于居住需求的市场调查，在选择居住方式时，"80后"选择租房的比例是52%，而"90后"则高达75%。该中介公司还透露，目前的租房成本远低于买房成本，越来越多的年轻客户纷纷卖掉手中的高额房产，租房居住。

4　在这些"90后"的眼中，租房省心省力，一举多得。首先，最直接的好处就是可以减轻买房所带来的巨大经济负担。据媒体计算，以一线城市的市区为例，如果将买房所花的钱用于租住同一位置、同样面积的房屋，可以租住70多年。除此之外，租房者还完全不用负担房屋贷款所产生的利息以及装修、购买家具家电等各种其他费用。其次，租房有更大的自由度和选择空间。居住的位置可以随着工作地点的变化而调整，房屋的档次也可以根据个人收入的高低来决定。每换一次房子就能获得全新的居住环境和心情。另外，租房省下来的一大笔钱可以有更好的用处。报名学学乐器、和家人去旅行、为朋友的小店投资，都是不错的选择。这既能提高生活质量，又能在经济上有所收获。

5　租房对于如今的年轻人来说，已不仅仅是住房观念的改变，更是一种消费观念的改变。不喜欢租住房屋的装修？即使只住一两年，他们也会毫不犹豫地花钱重新装修。租房不稳定，得常常搬家？他们会多花些租金，跟房东签五年，甚至十年的租房合同。他们认为"房子是租的，但生活是自己的"，只要认真生活，租来的房子也会充满自己的特色。

6　一些售房者看到如今房屋租售市场的变化，会将原本准备出售的房屋留下来，专门以长租的方式提供给年轻人群体。这些长租式的房屋在装修、家电、环境上都比较高档，价格也比普通房屋贵，但却非常受欢迎，甚至常常一房难求。从这一方面也可以看出，"租房时代"正在向我们走来。

（课文字数：987字）

▶ **第一步：通读课文，回答问题**

（1）为什么很多中国人喜欢买房？

_____

（2）租房有哪些优势？

_____

乐读 5

▶ 第二步：细读课文，完成练习

(1) 将各段主要内容填入表中

　　A 售房者提供长租式房屋
　　B 租房的优势
　　C 中国人关于房子的传统观念
　　D 租房反映了年轻人消费观念的变化
　　E 买房的优势

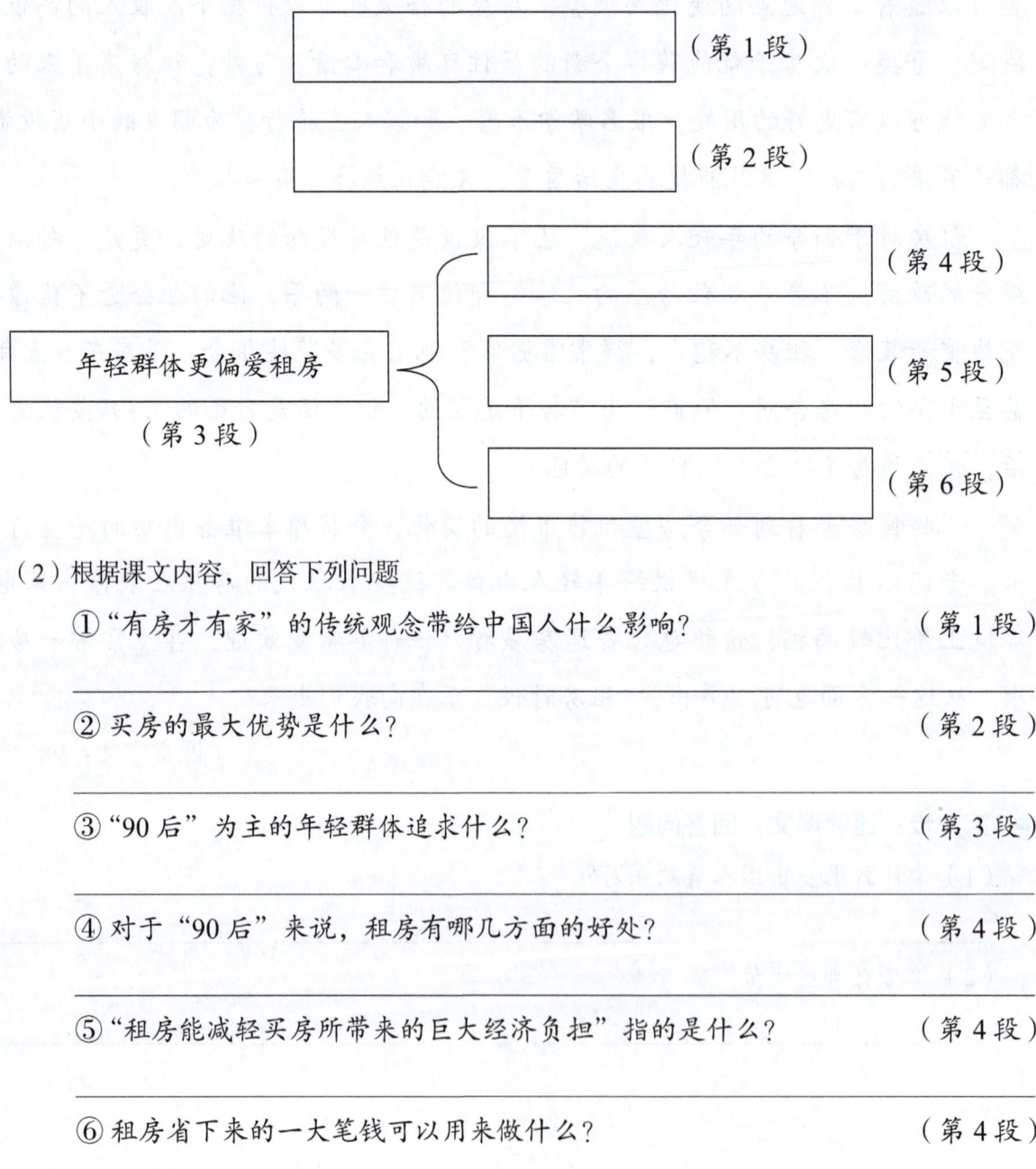

(2) 根据课文内容，回答下列问题

① "有房才有家"的传统观念带给中国人什么影响？　　　　　　　（第1段）

_____

② 买房的最大优势是什么？　　　　　　　　　　　　　　　　　　（第2段）

_____

③ "90后"为主的年轻群体追求什么？　　　　　　　　　　　　　（第3段）

_____

④ 对于"90后"来说，租房有哪几方面的好处？　　　　　　　　　（第4段）

_____

⑤ "租房能减轻买房所带来的巨大经济负担"指的是什么？　　　　（第4段）

_____

⑥ 租房省下来的一大笔钱可以用来做什么？　　　　　　　　　　（第4段）

_____

（3）根据课文内容，总结买房和租房分别有哪些好处和坏处

项目	好处	坏处
租房		
买房		

▶ 第三步：句义理解

（1）尽管房价上涨，国内的售房市场却仍然十分繁荣。<u>其</u>背后的重要原因之一就是中国人"有房才有家"的传统观念。　　　　　　　　　　　（第1段）

句中的"其"指什么？

A 经济繁荣发展的状况

B 房地产市场火爆的现状

C "有房才有家"的传统观念

（2）有资料显示，有近200万人每天从家到单位的往返距离超过80公里。（第2段）

下列哪种情况与上面这句话最接近？

A 每天有190万人上下班来回不到80公里

B 每天有210万人从家到单位的距离是40公里

C 每天有180万人从家到单位的距离超过40公里

（3）以一线城市的市区为例，如果将买房所花的钱用于租住同一位置、同样面积的房屋，可以租住70多年。　　　　　　　　　　　　　　　　（第4段）

这句话主要是为了说明：

A 市区很拥挤

B 租房很实惠

C 买房选择少

（4）房子是租的，但生活是自己的。　　　　　　　　　　　　　　（第5段）

对这句话的理解，下列哪种说法正确？

A 租房子也要注重生活质量

B 租房时应该自己做出选择

C 租房的费用都要自己负担

（5）这些长租式的房屋在装修、家电、环境上都比较高档，价格也比普通房屋贵，但却非常受欢迎，甚至常常一房难求。　　　　　　　　　　　　　　（第6段）

关于"长租式的房屋"，下列哪种说法不正确？

A 房租比普通房屋高

B 合适的求租者难找

C 电器配备比较高档

▶ **第四步：词义理解**

（1）根据上下文，猜测画线词语的意思

① 尽管房价上涨，国内的售房市场却仍然十分<u>繁荣</u>。　　　　　　　　（第1段）

　　A 发展得好　　　　　　　　　B 越来越贵

② 面对市区的<u>高额</u>房价，一些人宁可选择在偏远的郊区买房。　　　（第2段）

　　A 价格贵　　　　　　　　　　B 高层住宅

③ 对于他们来说，是否买房已<u>无关紧要</u>。　　　　　　　　　　　　（第3段）

　　A 不关心　　　　　　　　　　B 不重要

④ 在这些"90后"的眼中，租房省心省力，<u>一举多得</u>。　　　　　　（第4段）

　　A 做一件事有很多好处　　　　B 做一件事需要付出很多努力

（2）画出下列句子中跟"钱财"有关的词语

① 他的条件不符合申请房屋贷款的要求。

② 将这笔钱存入银行，十年后能得到不少利息。

③ 随着生活水平的提高，家长在孩子身上的教育投资也越来越多。

④ 利用网络，他们公司的销售额增长了五倍。

⑤ 电动汽车无污染，成本低，只是充电问题不好解决。

▶ **第五步：朗读课文**

(二) 泛读

二手市场的昨天与今天

1　二手市场起源于19世纪末的欧洲。由于当时卫生条件的限制，许多二手商品，尤其是衣物常带有<u>跳蚤</u>，所以当时人们将二手<u>交易</u>市场戏称为"跳蚤市场"，并且一直沿用至今。

2　20世纪90年代初，中国的一些大城市进行了旧城改造，不少人搬进了新居，许多旧家具、旧电器没有地方存放，旧货市场随之产生。由于价格低廉，这些旧货市场吸引了大量消费者，知名度越来越高，发展迅速，形成了具有一定规模和影响力的实体二手市场。

3　位于北京东三环附近的潘家园旧货市场是中国最大的实体旧货市场之一，每年都吸引着大批中外游客。市场主要经营古书字画、<u>首饰玉器</u>、民族服装以及各种艺术品和收藏品。

4　有人说，潘家园像一个收藏品非常丰富的博物馆，<u>充实</u>了人们的精神世界。还有人说除了登长城、吃烤鸭、游故宫以外，还得逛潘家园才算到了北京。可见潘家园已经成了北京文化的象征之一。尽管如今的大型购物中心比比皆是，商品齐全，但还是有不少人喜欢逛潘家园，这不仅仅是怀旧，更是一种有趣的生活方式。

5　今天的二手市场中所能见到的早已不局限于"旧货"了，相当一部分是人们<u>闲置</u>的八九成新的

生词：

1. 跳蚤　tiàozao　N
flea
2. 交易　jiāoyì　V
to trade

3. 首饰　shǒushì　N
jewelry
4. 玉器　yùqì　N
jade article
5. 收藏　shōucáng　V
to collect, to store (up)
6. 充实　chōngshí　V/Adj
to enrich; substantial
7. 闲置　xiánzhì　V
to leave unused

乐读 5

物品，甚至还有_____的物品。因此，二手市场也被称为闲置品交易市场。随着网络购物越来越普遍，闲置品交易网站也不断增多。大到二手房产和汽车的买卖，小到_____和_____的转让，都能在网上二手市场中实现。

6　根据某专业信息网站的最新统计，目前全国平均每天有500多万人在网上转让闲置物品，有几十万个新增二手商品交易信息。与实体二手交易市场相比，网上二手市场具有信息量大、选择自由、交易灵活等多种独特的优势，因此受到了人们的普遍欢迎。

7　现在比较知名的二手交易网站多以手机APP业务为主。这些网站大概可以分为三类。第一类是专业电子商务网站，里面既有一手商品，也有二手商品。其优点是买卖过程中由第三方管理资金，解决了客户与商家之间的资金安全问题。第二类是分类信息网站，里面除了二手商品的求购、出售信息以外，还包括房屋租售、交友、求职等其他信息。虽然内容丰富，但交易的安全性较低，建议尽量面对面进行交易。第三类是具有针对性的二手商品交易网站，比如专门针对二手汽车、二手房等交易的网站。与前两类网站相比，这类网站往往会为客户提供详细的物品介绍、免费的评估和专家咨询等专业服务，但在交易完成后要向客户收取一定比例的中介费用。

（课文字数：944字）

8. 转让　zhuǎnràng　V
   to transfer the ownership of

9. 评估　pínggū　V
   to assess, to evaluate

10. 咨询　zīxún　V
    to consult

第九课 租与售

1 二手市场还有哪些名字？将这些名字与命名的原因连起来

（1）_____　　A 交易人们闲置的八九成新的物品

（2）_____　　B 商品，尤其是衣物，常带有跳蚤

（3）_____　　C 旧城改造带来很多无处存放的旧货

2 根据课文内容，选择正确答案

（1）关于中国20世纪90年代的"旧货市场"，下列哪种说法不正确？　（第2段）

　　A 旧货市场中的物品价格很低

　　B 吸引了大量的城市知名人士

　　C 是具有一定规模的实体市场

（2）关于"潘家园旧货市场"，下列哪种说法不正确？　（第3、4段）

　　A 经营各种艺术品和收藏品

　　B 是全球最大的实体旧货市场

　　C 逛潘家园是种有趣的生活方式

（3）某专业信息网站的最新统计说明了什么？　（第6段）

　　A 实体旧货市场减少

　　B 在线购物人数众多

　　C 网上二手市场活跃

（4）下列哪项不是网上二手市场的优势？　（第6段）

　　A 自由度高

　　B 信息独特

　　C 交易灵活

3 为课文第5段的画线空白部分选择合适的词语

（1）今天的二手市场中所能见到的早已不局限于"旧货"了，相当一部分是人们闲置的八九成新的物品，甚至还有_____的物品。

　　A 昂贵　　　B 全新　　　C 古老　　　D 稀有

（2）随着网络购物越来越普遍，闲置品交易网站也不断增多。大到二手房产和汽车的买卖，小到_____和_____的转让，都能在网上二手市场中实现。

　　A 土地；岛屿　　　　　　B 使用权；所有权

　　C 公司；技术　　　　　　D 书籍；日用品

4 根据课文第7段,说一说三类二手交易网站各自的优缺点

种类	优点	缺点
专业电子商务网站		—
分类信息网站		
有针对性的二手商品交易网站		

(三)实况阅读

最新闲置品信息

物品	物品介绍	联系人及联系方式
物品1	• 白色整套,真皮,几乎全新 • 全长2.3米,适合两到三人使用,拉开后宽1.9米,可做双人床用 • 2000元购买,现半价转让 • 仅限北京地区上门自提	李小姐 电话:177****8765 (登录后显示)
物品2	• 九成新 • 耳机、充电器等配件齐全 • 在实体店购买的正品,原价3750元,现8折转让 • 发票齐全,仍在保修期内 • 仅限北京海淀区当面交易	王先生 电话:19961125716 (微信同号)
物品3	• 意大利知名品牌,牛皮,咖啡色,八成新 • A4纸大小,适合装雨伞、手机、钱包等轻便物品 • 以560元网购,肩带处有磨损,故特价260元出售,价钱可议 • 可上门自取或邮寄,不包邮	小陈 电话:010-8376**** (登录后显示)

（续表）

物品	物品介绍	联系人及联系方式
物品 4	• 发行于1939年，共8张，七成新 • 此套在市场上的升值空间很大，具有很高的收藏价值。由于目前急需用钱，所以低价出售，共2400元 • 可邮寄，不包邮	赵先生 电话：139****7712 （登录后显示）
物品 5	• 参加汉语水平考试的必备资料 • 一、二册有配套的录音，三、四册的录音丢失，可从相关网站下载 • 因搬家转让，五折出售，四册共60元 • 仅限自取	小吴 电话：16051372456 （仅短信联系）

1 根据介绍，判断表格中的五种物品各是什么

    A 电视 B 沙发 C 汉语书 D 手机

    E 女包 F 咖啡 G 邮票 H 衣服

（1）物品1：_____

（2）物品2：_____

（3）物品3：_____

（4）物品4：_____

（5）物品5：_____

2 快速从文中查找相关信息

（1）哪个物品可以邮寄？

_____

（2）哪个物品成色最新？

_____

（3）买回物品2后，如果出现质量问题可以怎么办？

_____

（4）如果想买物品2，可以怎么联系王先生？

_____

（5）物品3为什么特价出售？

_____

（6）物品4的出售原因是什么？

_____

（7）物品5缺少什么？可以怎么办？

_____

第十课　经济学与日常生活

为什么水有用但是远没有钻石的价格高？为什么航空公司经常卖2折、3折的机票却还能赚钱？这些都是经济学要思考并解释的问题。你了解经济学吗？你知道经济学可以帮助我们做什么吗？

第一部分：知识银行

（一）常用字

1　费　fèi　

形声字，由"弗"和"贝"两部分组成。"贝"表示意义，"弗"表示读音。"费"的本义是"花费钱财"。可独立成词，也常用作构词语素。

现代汉语中，"费"的常用义有"用、消耗""用于某方面的钱"。

例：花费　浪费　劳心费神
　　学费　交费　免费

练习：想一想画线词语中的"费"分别是什么意思

（1）别把这些旧家具搬到新家了，搬运费比家具还贵。
（2）跟美国的习惯不同，在中国的饭馆吃饭不需要给服务员小费。
（3）到那里出差得先坐飞机，再换火车，真是费时费力。
（4）那个人一直自言自语，行为令人费解。

2　中　zhōng/zhòng

象形字，字形像旗的样子，后引申为"内、里、中间"等意思，这些用法的"中"读

乐读 5

"zhōng"。

现代汉语中,"中"还有一个读音是"zhòng",一般用作动词,常用义为"受到、遭受(不好的事)"或"正好符合、正对上"。可独立成词,也常用作构词语素。

例:中间　中央
　　中暑　中毒　中枪
　　中奖　猜中　看中

📝 练习:想一想画线词语的意思

(1)由于身高优势明显、技术突出,他被国家篮球队选中了。

(2)这大热天的,出去一会儿就得中暑。

(3)这期的彩票(cǎipiào, lottery)中奖号码公布了,你中了吗?

(二)常用书面词语

1　倘若:如果、假如,表示假设。

(1)倘若一家企业只关注赚钱,未来不会有太大的发展。

(2)一个人倘若自己不努力,别人帮他也没有用。

2　倾向(于):在两方面或几方面中更喜欢、更偏爱某一方面。

(1)人们买彩票时比较倾向选择自己喜欢的数字。

(2)现在的智能手机五花八门,但我始终倾向于价位适中的中档产品。

(三)常用格式

1　A(不)仅限于B:A(不)只在B的范围内。

(1)参加这次会议的人员仅限于中小学教师。

(2)我们需要学习的知识不仅限于书本之内。

2　A与B挂钩:使A和B发生联系。

(1)销售员的奖金是与销售量挂钩的。

(2)公司间谈合作时,不能事事都与金钱挂钩。

第十课 经济学与日常生活

第二部分：技巧训练

技巧（十九）：判断作者态度

根据文章中使用的词语，可以判断出文章所表达的态度和观点。例如：一段文字中如果出现"杂乱""肤浅""无礼"等消极意义的词语，那么文章一般要表达否定、不赞成的态度；如果出现"新奇""欢乐""甜蜜"等积极意义的词语，那么作者的态度一般是肯定、赞成的。通常来说，文章所表达的观点或者态度包括"积极、消极、肯定、否定、赞成、反对、支持、批评、中立"等。

📝 练习：读后判断文字所表达的观点与态度

（1）"自动泊车"，顾名思义，是指车辆无须驾驶员即可实现自动停车。这一功能的出现，对于一些新手而言，无疑是一大福音。

根据上面一段话，对于"自动泊车"功能，作者的态度是：

A 支持　　　　B 中立　　　　C 反对

（2）世界卫生组织专门对电子烟进行了研究，并得出了明确的结论：电子烟有害公共健康，它不是戒烟手段，必须对其加强监管，杜绝其对青少年和非吸烟者产生危害。

关于"电子烟"，这段话所表达的态度是：

A 肯定　　　　B 无所谓　　　　C 否定

技巧（二十）：寻找语段中心句

一个语段往往围绕一个核心观点展开，这一核心观点一般会以"中心句"的形式呈现在语段中。找到中心句就可以帮助理解语段所表达的主要意思，也可以略读语段中的例子、排比性内容等，节省阅读时间。中心句可能在语段的开头部分、过渡部分或者结尾。例如："北京的名胜古迹很多。二环内有故宫、北海、景山、中山公园等，近郊有香山、十三陵，远一点儿的有长城，都是闻名中外的旅游胜地。"这段话的中心句即为"北京的名胜古迹很多"。

📝 练习：读后找出每段话的中心句

（1）春节前一周由于出行需求增加，预计市内主要街道交通压力增加，拥堵时间将较平日增长。交通大数据分析预测，下周早晚高峰时段文昌街、康安路、和平路将成为最易发生拥堵的路段，七星商场、飞达购物中心两大主要商圈附近人流量、车流

量也将大幅增加。

（2）很多彩民倾向于以自己的生日作为彩票号码。然而，生日数字不完全意味着幸运。一位彩民曾经猜中了全部中奖号码，那期奖金总额为1600万。但是那位彩民领奖时发现他只能领到12万，因为那次开奖的数字都是热门数字，还有132位彩民也选中了。

（3）对于产业结构单一的城市来说，一旦主要产业或主要企业出现问题，整个城市的经济就会随之出现下滑，进而影响城市的发展。一些资源型城市，依靠自然资源的开发及相关产业得到发展，但随着资源的消耗甚至枯竭，经济就会迅速衰退。也就是说，一座城市的产业结构如果过于单一，抵抗外部风险的能力就会很差。

第三部分：阅读实践

（一）精读

1 生词学习

1	术语	shùyǔ	N	term, terminology	医学术语；法律术语
2	盈利	yínglì	N	gain, profit	实现盈利；企业盈利
3	理财	lǐ//cái	VO	to manage money matters	善于理财；理财产品
4	激励	jīlì	V	to encourage, to inspire	激励员工；得到激励
5	思维	sīwéi	V/N	to think; thought, thinking	思维方式；创造性思维
6	费解	fèijiě	Adj	hard to understand	令人费解；感到费解
7	怜悯	liánmǐn	V	to take pity on	怜悯弱者；不值得怜悯
8	收益	shōuyì	N	income, proceeds	高收益；股票收益
9	挂钩	guà//gōu	VO	to link, to hook	跟成绩挂钩；与收入挂钩
10	倘若	tǎngruò	Conj	if, supposing	倘若业绩与收入不挂钩，可能会影响员工的工作积极性。
11	中奖	zhòng//jiǎng	VO	to win a prize in a lottery	中奖号码；中大奖
12	概率	gàilù	N	probability, chance	降水概率；中奖概率
13	规律	guīlù	N	law, regular pattern	自然规律；经济规律

14	数据	shùjù	N	data	整理数据；报告数据
15	倾向	qīngxiàng	V	to be inclined to	一些人倾向（于）在中小城市生活。
16	仿佛	fǎngfú	Adv	as if	仿佛认识；仿佛就在昨日

2 热身练习

（1）选择正确的汉字填空

① 每个企业都会采用一些方法激＿＿＿＿（A 厉　B 励）员工积极工作。

② 一只小狗独自在冬天的夜里走着，让人不由得心生＿＿＿（A 冷　B 怜）悯。

③ 日出日落、月圆月缺、生老病死都属于自然规＿＿＿＿（A 律　B 津）。

④ ＿＿＿＿＿（A 倘　B 躺）若有这样的思维方式，遇到问题时，就不会那么生气了。

⑤ 明天本市天气晴，降水＿＿＿＿（A 既　B 概）率为15%。

（2）用本课生词替换画线词语

① 说到经济学，大家的第一反应可能就是大量的数字和各种看不懂的<u>专业词语</u>。

② 经济学所要解决的问题不仅包括公司的生产、<u>赚钱</u>，还包括个人的<u>财产管理</u>等很多方面。

③ <u>如果</u>业绩与收入不挂钩，可能会影响员工的工作积极性。

④ 自己在国外生活半年后，他<u>好像</u>一下子长大了很多。

⑤ 他平常对人都非常热情，可今天的言行、态度让人难以理解。

3 课文：你会不会爱上经济学？

思考题：
（1）经济学是一门什么样的学科？
（2）"经济学思维方式"是什么意思？

1　说到经济学，大家的第一反应可能就是大量的数字和各种看不懂的术语。其实，经济学的服务范围不仅限于科学研究。作为一门社会科学，经济学的研

究对象是人类社会和人的行为。它所面对的问题，不仅是生产、盈利或者个人理财，更多的是帮助人们解决生活中一些最基本的问题。比如，面对稀缺资源时如何做出选择，如何利用激励的方式改变人的行为等。可以说，经济学与我们的日常生活息息相关。

2　虽然不是每个人都希望或者能够成为经济学家，也不是所有人都愿意花费时间阅读专业的经济学著作，但如果你能看一些普及性的经济学读物，使自己具备一点儿经济学思维方式，很多令人费解的问题常常可以迎刃而解。

3　举个简单的例子，有些人在饭馆吃饭时遇到这样的情景可能会火冒三丈：下午两三点，服务员们把顾客赶走，因为接下来他们要召开"提高服务质量"的会议；晚上到了服务员下班的时间，不管有没有客人就餐，他们都毫不客气地开始扫地、擦桌子，准备关门。服务员为什么这样做呢？借用著名经济学家亚当·斯密（Yàdāng Sīmì，Adam Smith）的观点："面包师清早起来做面包，不是怜悯那些早上上班的人没有早餐吃，而是为了追求自己的利益。"服务员提供的服务品质与道德无关，如果饭馆的收益与服务员的利益不挂钩，他当然没必要给顾客好脸色。倘若你有这样的思维方式，可能在遇到上述那些不快时，就不那么生气了。

4　再比如说，如果你想买彩票，经济学虽然不会告诉你买哪个号码会中大奖，但是运用经济学的思维方式，却能提高中奖概率。有人曾经尝试寻找彩票中奖号码的规律，他通过分析113期中奖彩票的数据，找到了某国彩民最常买的一些号码。结果显示，7这个号码是最受该国民众青睐的，31以下的数字人们买得最多，这是因为"很多彩民倾向于以自己的生日作为彩票号码"。然而，生日数字不完全意味着幸运。该国一位彩民曾经猜中了全部中奖号码，那期奖金总额为1600万。但是，那位彩民领奖时发现他只能领到12万，因为那次开奖的数字都是热门数字，还有132位彩民也选中了。事实上，所有数字中奖的概率是一样的，从经济学角度来看，避开热门数字或许会让你有惊喜。

5　生活在当今时代，如果完全不懂经济学，不知道股票指数、个人所得税、CPI，你会觉得自己仿佛与世隔绝，寸步难行。相反，当我们具有一定的经济学

知识或者经济学思维时，我们就能更好地了解社会、理解人生、认识世界。所以说，经济学不但伟大，而且有趣。

6　那么，现在你爱上经济学了吗？

（课文字数：981字）

▶ **第一步：通读课文，回答问题**

（1）经济学是一门什么样的学科？
_____

（2）"经济学思维方式"是什么意思？
_____

▶ **第二步：细读课文，完成练习**

（1）关于经济学，下列说法不正确的是：　　　　　　　　　　　　（第1段）

　　A 是一门社会科学　　　　　　　　B 有复杂的数字和术语

　　C 只研究盈利、理财等问题　　　　D 关心人类社会和人的行为

（2）根据课文，使自己具备一点儿经济学思维方式的方法是：　　（第2段）

　　A 向著名经济学家请教　　　　　　B 读简单的经济学书籍

　　C 购买亚当·斯密的书　　　　　　D 经常思考很难的问题

（3）在饭馆遇到服务不好的情况时，经济学思维方式可以让我们：（第3段）

　　A 提升服务员的道德　　　　　　　B 提高饭馆的服务质量

　　C 理解服务员的做法　　　　　　　D 延长饭馆的营业时间

（4）根据课文，运用经济学思维方式买彩票，应该：　　　　　　（第4段）

　　A 记住中奖概率　　　　　　　　　B 使用生日数字

　　C 不选热门数字　　　　　　　　　D 分析中奖数据

（5）根据课文，经济学思维方式可能无法帮助我们：　　　　　　（全文）

　　A 理解人生　　　　　　　　　　　B 做出合理的选择

　　C 改变性格　　　　　　　　　　　D 更好地了解社会

▶ **第三步：句义理解（读句子，判断意思理解是否正确）**

（1）面包师清早起来做面包，不是怜悯那些早上上班的人没有早餐吃，而是为了追求自己的利益。　　　　　　　　　　　　　　　　　　　　　　（第3段）

　　意思是：面包师努力做面包是为了挣钱。（　　）

（2）服务员提供的服务品质与道德无关，如果饭馆的收益与服务员的利益不挂钩，他当然没必要给顾客好脸色。　　　　　　　　　　　　　　（第3段）

意思是：如果饭馆的收益与服务员的利益没有关系，会影响服务员的身体健康。
（　　　）

（3）倘若你有这样的思维方式，可能在遇到上述那些不快时，就不那么生气了。
（第3段）

意思是：这种思维方式可以帮你理解为什么有些人做事很慢。（　　　）

（4）所有数字中奖的概率是一样的，从经济学角度来看，避开热门数字或许会让你有惊喜。　　　　　　　　　　　　　　　　　　　　　　（第4段）

意思是：不选择热门数字更有可能中大奖。（　　　）

（5）生活在当今时代，如果完全不懂经济学，不知道股票指数、个人所得税、CPI，你会觉得自己仿佛与世隔绝，寸步难行。　　　　　　　（第5段）

意思是：经济学知识可以在外出旅行时给我们提供帮助。（　　　）

▶ 第四步：词义理解

（1）根据上下文，选择画线词语的意思

① 面对<u>稀缺</u>资源时如何做出选择。　　　　　　　　　　　　（第1段）

　　A 量少、不够用的　　　　　　　B 丰富的
　　C 受欢迎的　　　　　　　　　　D 有缺陷的

② 经济学与我们的日常生活<u>息息相关</u>。　　　　　　　　　　　（第1段）

　　A 关系不大　　　　　　　　　　B 毫无关系
　　C 关系密切　　　　　　　　　　D 未必相关

③ 使自己具备一点儿经济学思维方式，很多令人费解的问题常常可以<u>迎刃而解</u>。　　　　　　　　　　　　　　　　　　　　　　　　　（第2段）

　　A 不必解决　　　　　　　　　　B 费力地解决
　　C 无法解决　　　　　　　　　　D 一下子就解决了

④ 不管有没有客人<u>就餐</u>，他们都毫不客气地开始扫地、擦桌子，准备关门。
（第3段）

　　A 买单　　　B 点菜　　　C 吃饭　　　D 进餐馆

⑤ 7这个号码是最受该国民众<u>青睐</u>的，31以下的数字人们买得最多。（第4段）

　　A 讨厌　　　B 喜爱　　　C 羡慕　　　D 反对

（2）词语搭配

①		②	
追求	时间	赶走	选择
花费	利益	猜中	高峰
提供	会议	避开	顾客
召开	规律	遇到	答案
寻找	服务	做出	情况

▶ **第五步：讨论**

下面是一些简单的经济学知识，请用具体的例子进行说明。

（1）物以稀（xī，rare）为贵。

（2）薄利（bólì，small profits）多销。

（3）不要把鸡蛋放在一个篮子里。

▶ **第六步：朗读课文**

（二）泛读

哪里去找云吞面？

1 云吞面是香港特色美食之一，也是香港饮食文化中不可或缺的一部分，大大小小的云吞面馆更是香港的一道风景线。它们并不是高档餐厅，但由于往往在同一地点开好多年，一般会拥有许多终身客户。然而，在过去的几个月内，香港几个老牌面馆由于租金上涨而相继关门。

2 一家经营了45年的冷饮店近期也选择了关张停业。91岁的老板表示，之所以这样做，并不是因为厌倦了开店，而是因为他既是店主又是房主，

生词：

1. 不可或缺
   bùkě-huòquē
   indispensable

2. 厌倦　yànjuàn　V
   to be tired of

附近的房租从一个月2万港元突然涨到5万港元，与其自己承担经营风险，不如靠租金生活。

3　自由市场理论认为，如果店铺的位置好并且租金不断上涨，店铺的经营内容则必须向更高端的产品转变。也就是说，云吞面店为了生存可以改卖牛排或者变成酒吧，这样就可以获得更高的利润。然而，倘若真的这样做，人们只能看到云吞面店、冷饮店以及各种小吃店慢慢远离我们。

4　除了租金之外，新的消费模式也给"小云吞面店们"带来了巨大的影响。互联网经济的崛起不仅导致家庭经营的小商店消亡，连大型连锁企业也因此倒闭，因为它们根本无法与网络购物的便利性进行竞争。

5　那么，在这个时代，小企业如何应对科技、社会发展所带来的种种变化呢？这个问题从企业自身来看似乎很难找到答案。云吞面店这样的小店铺是价格接受者，而无法像知名品牌那样能够成为价格制定者，它们既无法影响租金，也无法大幅度提高销售价格。如果它们被迫退出市场，这些店铺给公众带来的社会价值将随之消失，市场的多样性也会慢慢消失，这种损失无法用金钱计量。但房地产市场发展却很难将小企业的这种"外部价值"考虑进来。

6　当内部无法解决时，只能求助于外界。我们欣喜地发现，一些国家已经开始采取租金管控措施，以减轻租金过快上涨给小店铺带来的资金

---

3. 承担　chéngdān　V
to undertake

4. 模式　móshì　N
model, pattern

5. 崛起　juéqǐ　V
to rise abruptly

6. 倒闭　dǎobì　V
to close down

7. 幅度　fúdù　N
range, scope

8. 被迫　bèipò　V
to be forced

9. 措施　cuòshī　N
measure, step

压力;雅加达、吉隆坡等城市则为小店主提供特别的零售空间,使小店铺能够有机会向大众出售价格低廉的印尼肉丸面或马来椰浆饭;同时,第三方企业也为小店铺线上外卖提供了可能,让更多的人足不出户就能享受到美食。

（课文字数：794字）

1 根据课文内容，选择正确答案

（1）关于香港的云吞面馆，下列说法不正确的是： （第1段）
  A 有固定的顾客　　　　　　B 有些店最近停业了
  C 店内非常漂亮　　　　　　D 有些面馆经营了很多年

（2）文中提到的冷饮店停业的原因是： （第2段）
  A 店主厌倦开店　　　　　　B 客户大量减少
  C 老板年龄过大　　　　　　D 房租收入更高

（3）文中提到的"新的消费模式"指的是，人们更倾向于： （第4段）
  A 购买文化产品　　　　　　B 进行网络购物
  C 有计划地花钱　　　　　　D 去大商店消费

（4）下列哪项不属于小店铺经营的压力？ （第4、5段）
  A 难以制定价格　　　　　　B 产品更新太慢
  C 消费模式变化　　　　　　D 受房地产影响

（5）文中提到的"外部价值"是指： （第5段）
  A 产品的销售价格　　　　　B 企业的出售价格
  C 店铺的社会价值　　　　　D 产品创意的价值

（6）关于小企业的发展，下列说法正确的是： （第6段）
  A 要生产更多的产品　　　　B 需要外界提供帮助
  C 注意改变经营内容　　　　D 应购买经营性房产

乐读 5

2 读句子，找出与画线词语意义相反或相对的词语

A 昂贵　　B 开张　　C 可有可无
D 出现　　E 加重　　F 东奔西走

（1）云吞面是香港饮食文化中不可或缺的一部分。
（2）香港几个老牌面馆由于租金上涨而相继关门。
（3）互联网经济的崛起导致家庭经营的小商店消亡。
（4）一些国家已经开始采取租金管控措施，以减轻租金过快上涨给小店铺带来的资金压力。
（5）小店铺能够有机会向大众出售价格低廉的印尼肉丸面或马来椰浆饭。
（6）第三方企业也为小店铺线上外卖提供了可能，让更多的人足不出户就能享受到美食。

3 讨论

你认为哪些措施可以有效地减轻租金对中小企业的压力？

（三）实况阅读

全球数字经济规模迅速增长

（本报讯 记者刘晶报道）在 7 月 29 日开幕的全球数字经济大会上，中国信息通信研究院发布的《全球数字经济白皮书（2022年）》显示，2021 年全球 47 个主要国家数字经济增加值规模达到 38.1 万亿美元，同比增长 15.6%，占 GDP 比重为 45.0%。其中，中国数字经济规模达 7.1 万亿美元，占 47 个国家总量的 18% 以上，仅次于美国，位居世界第二，挪威数字经济的增长速度位居全球首位。

发达国家数字经济规模大、占比高，总体规模为 27.6 万亿美元，同比增长 13.2%，占 GDP 比重为 55.7%；发展中国家数字经济增长更快，总体增速达 22.3%。近年来，数字经济已成为全球经济发展新的增长点，相应的新产业、新模式竞相涌现。线上教育、互联网医疗、远程办公、数字化治理、直播电商、在线旅游等蓬勃发展，为世界各国人民带来更加丰富、多元的体验。一些专家认为，数字经济在未来一段时间内的发展空间仍较大，不久的将来，随着技术的进一步提升，世界的进一步互联互通，数字经济最终将引领第三次全球化浪潮。

1 读后选择正确答案

（1）这篇文章来自：

  A 报纸　　　　B 自媒体　　　　C 会议记录　　　　D 调查报告

（2）关于2021年数字经济的发展情况，下列说法正确的是：

  A 总体规模最大的是中国

  B 占GDP比重最大的是挪威

  C 增长速度更快的是发展中国家

  D 总体规模在全球各国均有所增长

（3）根据课文内容，下列哪项不属于数字经济？

  A 疾病在线诊疗　　　　　　B 网络教育培训

  C 电商直播销售　　　　　　D 电脑配件生产

（4）关于未来数字经济的发展趋势，一些专家的看法是：

  A 将成为新的经济增长点　　B 仍会有较大的发展

  C 处于第三次全球化浪潮　　D 已经实现互联互通

2 讨论

介绍一下儿你了解的数字经济。

第十一课　中国电影百年

　　从1905年至今，中国电影已经历了一百多年的风风雨雨。人们对于中国电影有哪些回忆呢？现代人看电影更注重什么呢？让我们一起打开电影世界的大门吧！

第一部分：知识银行

（一）常用字

1　演　yǎn

形声字，左边的"氵"表示水流，"寅"（yín）表示读音。本义指"水一直流"。

现代汉语中，"演"的常用义是"发生变化""表演"等。可独立成词，也常用作构词语素。

例：演化　演进
　　演员　演唱　演技

📝 练习：想一想画线词语中的"演"分别表示什么意思

（1）这部电影的<u>主演</u>是一个7岁的孩子。

（2）对比古今汉字，可以看到一些汉字形态和意义的<u>演变</u>过程。

（3）这部话剧在广州的<u>首演</u>日期为10月5号，第二场为10月8号。

2　佳　jiā

形声字，左边的"亻"表示与人有关，右边的"圭"（guī）表示读音。本义是"美好"。

现代汉语中，"佳"仍沿用本义，表示"好、美好"。常用作构词语素，一般不单独使用。

例：佳节　才子佳人　美酒佳肴（yáo, meat and fish dishes）

📝 练习：想一想画线词语的意思

（1）经过多年的努力，他终于拿到了<u>最佳</u>导演奖。
（2）他的小说是近年来中国文学作品中的<u>佳作</u>。
（3）他在比赛中表现<u>不佳</u>，受到了球迷的批评。

（二）常用书面词语

1 纵观：全面看。

（1）<u>纵观</u>历史，文学艺术在人们的生活中一直占据重要位置。
（2）<u>纵观</u>全球的汽车发展史，便利性始终是人们所注重的因素，因此智能化将成为未来汽车发展的方向。

2 均：都。

（1）这五位应聘者<u>均</u>已被公司录用。
（2）在大学生运动会中，我校乒乓球队、篮球队、游泳队<u>均</u>取得了较好成绩。

（三）常用格式

1 ……标志着……：表示某种情况、现象具有某种标志性特征。

（1）这部电影<u>标志着</u>3D电影技术的成熟。
（2）大学毕业<u>标志着</u>新生活的开始。

2 再……不过：意思是"没有比……更……的"，表示程度极高。在句中做谓语时，句尾加"了"。

（1）用"花城"来形容这座城市<u>再</u>合适<u>不过</u>了。
（2）<u>再</u>简单<u>不过</u>的家常菜，妈妈都能做得很好吃。

第二部分：技巧训练

技巧（二十一）：根据上下文推测词义

有一些词语的意思可以从上下文中得到提示。比如："他这人就是个书呆子，除了看书什么也不懂。"在这句话中，"除了看书什么也不懂"实际上是对"书呆子"的具体说明，读者看了这句话也就明白了"书呆子"的意思。再如："老张是个闷葫芦，他爱人跟他不一样，爱说爱笑的。"在这句话中,"跟他不一样"提示了"爱说爱笑"与"闷葫芦"意思相反,"爱说爱笑"的意思很容易理解,由此可以推测出"闷葫芦"的意思。

📝 练习:解释画线词语的意思

(1)与在音乐厅里的演出相比,他们更喜欢公园里的<u>露天</u>音乐会。
(2)爷爷对养花<u>情有独钟</u>。几十年了,爷爷只有这一个爱好,而且热情不减。
(3)VR技术带给人们<u>身临其境</u>的感受,戴上VR眼镜仿佛真的到了那个地方。
(4)《定军山》是中国电影发展史上的<u>里程碑</u>,标志着中国电影的诞生。

技巧(二十二):利用篇章结构把握逻辑关系

篇章是按照一定的结构模式生成的,结构模式决定着篇章中各种信息的组织方式。受人们思维方式和表达习惯的影响,不同语言的篇章模式不尽相同。汉语篇章语句的排列常以客观事物的逻辑顺序为基础,与事态发展的时间顺序、方位变化的空间顺序或思维的逻辑顺序一致。比如:"在北京南城,有一座与周围建筑风格迥然不同的大教堂——宣武门天主堂,这也是北京历史最悠久、最古老的一座教堂。"这一地点描写从大空间(北京南城)到中空间(周围建筑)再到小空间(宣武门天主堂),最后再到小空间的特征(北京历史最悠久、最古老的一座教堂),展现了中国人关于空间描写的典型思维模式和组织语篇的结构模式。因此,熟悉汉语篇章常见的结构模式,能帮助我们把握篇章的脉络,预测下文。

📝 练习:排列句子顺序

(1)A 十月的风又带来了桂花的芬芳
　　 B 金秋时节,天高云淡,瓜果飘香
　　 C 供广大市民朋友们休闲娱乐
　　 D 值此国庆假期之际,我市精选十处赏桂地点　　　　　

(2)A 随着外国学生数量的逐年增长
　　 B 学校原本没有专门管理留学生的部门
　　 C 只是由几位有经验的老师轮流负责
　　 D 留学生学院于十年前正式成立　　　　　

(3)A 以及和他人分享电影艺术的快乐
　　 B 这正是人们对电影院情有独钟的原因
　　 C 更重要的是那里能带给人们身临其境的感受
　　 D 电影院不仅有舒适的座椅和完美的音响效果

第三部分：阅读实践

（一）精读

1　生词学习

1	主演	zhǔyǎn	V/N	to act the leading role; leading actor/actress	主演过十部电影；电影的主演
2	标志	biāozhì	V/N	to mark; mark, logo	标志着新时代的到来；成熟的标志
3	延伸	yánshēn	V	to extend	延伸道路；延伸到地铁站前
4	单纯	dānchún	Adj	pure, simple	想法很单纯；单纯的孩子
5	深入	shēnrù	Adj	thorough, in-depth	讨论得很深入；深入地了解
6	百姓	bǎixìng	N	common people	普通百姓；老百姓
7	要素	yàosù	N	key element, essential factor	成功的要素；语言要素
8	拘束	jūshù	V/Adj	to restrain; constrained	别拘束；感到拘束
9	设备	shèbèi	N	equipment	教学设备；设备齐全
10	冲击	chōngjī	V	to impact	冲击经济；造成冲击
11	占据	zhànjù	V	to occupy	占据重要地位；占据有利位置
12	佳作	jiāzuò	N	excellent work, fine piece of writing or painting	文学佳作；名篇佳作
13	票房	piàofáng	N	box office	电影的票房；票房收入
14	里程碑	lǐchéngbēi	N	milestone	新的里程碑；人类文明的里程碑
15	空前	kōngqián	V	to be unprecedented	空前繁荣；规模空前
16	日益	rìyì	Adv	increasingly, day by day	日益提高；日益繁荣
17	宏大	hóngdà	Adj	grand, magnificent	宏大的场景；目标宏大

2　热身练习

（1）这部长约半个小时的黑白无声片_____着中国电影的诞生。

　　A 表示　　　　　　　　B 标志

（2）一片学校操场或村庄的空地、一块白色幕布、一个老式放映机、一位放映员，几乎就构成了露天电影院的全部＿＿＿＿＿＿。

  A 要素   B 票房

（3）大人们边看边聊，孩子们边玩儿边笑，没有任何＿＿＿＿＿＿感。

  A 拘束   B 单纯

（4）纵观中国电影的百年发展史，武术始终＿＿＿＿＿＿着重要地位。

  A 位于   B 占据

（5）随着观众欣赏水平的＿＿＿＿＿＿提高，一些批评的声音也出现了。

  A 日益   B 延伸

3 课文：中国电影百年

思考题：
（1）早期的中国电影有什么特点？
（2）中国电影在哪些方面发生了变化？

1 1905年，在北京丰泰照相馆拍摄了由著名京剧演员谭鑫培（Tán Xīnpéi）主演的《定军山》片段，这部长约半个小时的黑白无声片标志着中国电影的诞生。

2 早期的中国电影更像是舞台剧的延伸。导演们用传统的戏剧观念拍电影，摄像机基本固定，场景变化不大，演员们的表演也很夸张。到了二十世纪五六十年代，中国电影实现了从单纯的娱乐向深入地反映社会生活这一功能的转变，形式也更加自然、多样。自此，中国电影逐步走入了普通百姓的生活。

3 在电视和电影院还未普及的年代，中国人喜欢看露天电影。一片学校操场或村庄的空地、一块白色幕布、一个老式放映机、一位放映员，几乎就构成了露天电影院的全部要素。观众们都是自带凳子，免费观看，来去自由。通常会连放两部电影，大人们边看边聊，孩子们边玩儿边笑，没有任何拘束感。

4 二十世纪九十年代，操作简便的DVD播放设备开始流行，诸多租售DVD的小店应运而生，看电影便成了再简单不过的事情。九十年代后，电脑及网络出现，真正实现了足不出户的便捷观影方式。

5　二十世纪九十年代的好莱坞（Hǎoláiwù, Hollywood）大片给中国观众带来了前所未有的视觉冲击，同时也把中国人从家里带回了影院。在电影技术迅速发展的今天，很多人开始对电影院情有独钟。不仅因为那里有舒适的座椅、完美的音响效果，更因为那里能带给人们身临其境的感受以及和他人分享电影艺术的快乐。

6　纵观中国电影的百年发展史，武术始终占据着重要地位。李小龙、成龙、李连杰，这些家喻户晓的功夫巨星通过多部佳作将中国武术带到了全世界。2000年上映的武术动作片《卧虎藏龙》获得了第73届奥斯卡（Àosīkǎ, Oscar）最佳外语片等4项大奖。2002年上映的功夫片《英雄》取得了全球票房1.77亿美元的好成绩，并获得了多个国内外电影奖项。同时，该片还被视为中国电影商业大片时代的里程碑，对中国电影业的发展起到了重要的推动作用。

7　近二十年来，中国电影市场空前繁荣。国产电影的数量和质量都在逐步提高，影院数量快速增长，优秀导演、演员层出不穷。另外，中国电影类型化发展进入了新的阶段。喜剧、科幻、动画等不同类型的电影均有大受欢迎的标志性影片，满足了不同观众的观影需求。

8　不可否认，随着观众欣赏水平的日益提高，一些批评的声音也出现了。在影评网站上，一些投资巨大的国产大片评分却并不高。为了高票房，一些导演倾向于通过大明星、宏大的场景、精美的道具和先进的电脑技术来吸引观众，却忽略了电影本身的人文与艺术价值。不管中国电影的形式和技术如何变化，观众们最希望通过电影得到的始终是情感上的共鸣。

（课文字数：1009字）

▶ 第一步：通读课文，回答问题

（1）早期的中国电影有什么特点？
_____

（2）中国电影在哪些方面发生了变化？
_____

► 第二步：细读课文，完成练习

（1）根据课文内容，选择正确答案

　　① 课文的主要内容是什么？　　　　　　　　　　　　　　　　　　　　　　　　（全文）

　　　　A 中国电影艺术的特点　　　　　　B 中国电影的历史与发展

　　　　C 观众对中国电影的态度　　　　　D 目前中国电影面临的问题

　　② 关于中国第一部电影，下列哪种说法不正确？　　　　　　　　　　　　　　　（第1段）

　　　　A 拍摄于照相馆　　　　　　　　　B 片长约半个小时

　　　　C 由京剧演员主演　　　　　　　　D 是黑白有声电影

　　③ 下列哪项不是早期中国电影的特点？　　　　　　　　　　　　　　　　　　　（第2段）

　　　　A 没有丰富的场景变化　　　　　　B 演员的表演比较夸张

　　　　C 深入反映了社会生活　　　　　　D 摄像机位置基本固定

　　④ 现在人们对电影院情有独钟的原因是什么？　　　　　　　　　　　　　　　　（第5段）

　　　　A 电影票非常便宜　　　　　　　　B 来去自由，没有拘束

　　　　C 大型影院数量快速增长　　　　　D 能带给人们身临其境的感受

　　⑤ 一些导演觉得怎么做可以得到高票房？　　　　　　　　　　　　　　　　　　（第8段）

　　　　A 选用大明星参演

　　　　B 努力追求与观众共鸣

　　　　C 探讨电影本身的艺术价值

　　　　D 注重电影的类型化和多样化

（2）下面是对露天电影的描述，根据课文第3段，选出其中正确的描述

　　① 学校内的大教室　　　　　　⑦ 一位售票员

　　② 一片空地　　　　　　　　　⑧ 购票观看

　　③ 一台电脑　　　　　　　　　⑨ 免费观看

　　④ 一台放映机　　　　　　　　⑩ 需按时入场

　　⑤ 一块幕布　　　　　　　　　⑪ 可随时离场

　　⑥ 一位放映员　　　　　　　　⑫ 观看时不能交谈

（3）下面是对电影《英雄》的描述，根据课文第6段，选出其中正确的描述

　　① 2002年上映的武术动作片

　　② 国内票房1.77亿美元

　　③ 没有获得国外奖项

④ 中国商业大片中的标志性影片

⑤ 促进了中国电影业的发展

▶ **第三步：句义理解**

（1）到了二十世纪五六十年代，中国电影实现了从单纯的娱乐向深入地反映社会生活这一功能的转变。　　　　　　　　　　　　　　　　　　　　　　（第2段）

中国电影的转变主要表现在：

　　A 内容方面　　　　　B 技术方面　　　　　C 功能方面

（2）二十世纪九十年代，操作简便的DVD播放设备开始流行，诸多租售DVD的小店应运而生，看电影便成了再简单不过的事情。　　　　　　　　　　　（第4段）

看电影变得简单的原因不包括下列哪项？

　　A 各类电影开始流行

　　B 租售DVD的小店很多

　　C 电影播放设备操作简便

（3）二十世纪九十年代的好莱坞大片给中国观众带来了前所未有的视觉冲击，同时也把中国人从家里带回了影院。　　　　　　　　　　　　　　　　　（第5段）

根据这句话可以知道什么？

　　A 好莱坞大片吸引中国观众去影院看电影

　　B 九十年代很多中国人不能在家里看电影了

　　C 好莱坞大片给中国电影市场带来了很大冲击

（4）中国电影类型化发展进入了新的阶段。喜剧、科幻、动画等不同类型的电影均有大受欢迎的标志性影片，满足了不同观众的观影需求。　　　　　（第7段）

中国电影类型化发展表现在：

　　A 观影需求更加多样化

　　B 各类电影都有标志性作品

　　C 所有电影都受到全体观众欢迎

（5）不管中国电影的形式和技术如何变化，观众们最希望通过电影得到的始终是情感上的共鸣。　　　　　　　　　　　　　　　　　　　　　　　　（第8段）

电影最吸引观众的是哪个方面？

　　A 情感的认同

　　B 拍摄技术提高

　　C 类型和形式多样化

乐读 5

▶ 第四步：词义理解

（1）根据上下文，选择画线词语的意思

① 早期的中国电影更像是舞台剧的延伸。　　　　　　　　　　　（第2段）

　　A 继续并扩展　　　　　　　　B 推迟并改变

② 这些家喻户晓的功夫巨星通过多部佳作将中国武术带到了全世界。（第6段）

　　A 每家都在说　　　　　　　　B 人们都知道

③ 同时，该片还被视为中国电影商业大片时代的里程碑。　　　　（第6段）

　　A 标志性的事物　　　　　　　B 测量距离的工具

④ 国产电影的数量和质量都在逐步提高，影院数量快速增长，优秀导演、演员层出不穷。　　　　　　　　　　　　　　　　　　　　　　　　　（第7段）

　　A 不断出现　　　　　　　　　B 收入很高

（2）画出下列句子中跟"电影、表演"有关的词语

① 这位知名导演的作品获得了多个国内外大奖。

② 他拍摄这个短片就是为了使大家远离手机。

③《英雄》上映的第一天，就取得了不错的票房成绩。

④ 这些场景都不是真实的，是利用电脑特技做出来的。

⑤ 幕布拉开之后，观众看到了站在舞台中间的大明星。

▶ 第五步：朗读课文

（二）泛读

《英雄》影评

 洋洋　2002-12-28

生词：

《英雄》本月刚刚上映，是由著名导演张艺谋拍摄的，投资3000万美元。拍摄团队空前强大，功夫明星李连杰主演，多位国内外知名的影星加入，电影音乐由著名音乐人制作。

148

这部影片中加入了许多中国文化元素。琴棋书画、风景名胜，在短短的一个半小时内展示得非常丰富。用电影艺术表现人文与自然是这部电影让我最认可的地方。强烈推荐大家观看！

 小果　2003-02-09

《英雄》很值得观看，特别是电影的故事很吸引人。整部电影以中国家喻户晓的秦国统一六国的历史为背景。导演利用多个角度，分段来讲故事，一直吸引着观众在思考，哪些是真实的，哪些是虚构的，使观众时时刻刻都保持着新鲜感。本片的主题一直都是讲"英雄"，片中的每个<u>角色</u>都应该被视为英雄，张导更是我心中的英雄。

1. 角色　juésè　N
role

 小熊猫　2005-11-20

今天又重新看了一遍《英雄》，我认为对于这部电影，一些批评的声音还是有道理的。它确实不如张艺谋导演的其他作品更有深度，而且动作场景过多，有的让人感觉<u>多余</u>。不过，这是张导首次尝试拍摄商业动作片，每一场动作拍得不仅很美，还包含着强烈的情感。他在成名二十多年后还能不断地自我挑战、创新，令人称赞。

2. 多余　duōyú　Adj
redundant

 小亿　2006-01-10

《英雄》特别火，国内的票房就高达2.5亿人民币，占当年国内总票房的四分之一，这个纪录至今也没有哪部电影能够打破。在国外，西方媒体和观众也对这部电影有很高的评价。美国《纽约时报》曾用整整两个版面报道这部电影；而在2005年，美国《时代》杂志评选的"2004年全球十大最佳电影"里，《英雄》更是排名第一。《英雄》实现了口碑和票房的双丰收。

 白茶　2020-06-22

跟近几年的商业大片比，《英雄》确实非常出色。但同时我们也都知道，《英雄》是张艺谋最具争议性的作品。特别是一些国内的影评人和观众，对这部电影有不少批评。我本人也认为这部电影场景很宏大，有很强的视觉冲击，但内容不够充实，对历史的理解也不准确。张艺谋在采访中曾表示，电影中的角色不是真实的，他只是借这段历史来表现他个人对中国文化的理解和感受。可是我认为，电影有教育功能，错误的信息会误导观众，特别是众多青少年观众。

不可否认的是，张艺谋导演在电影中对色彩的运用是非常值得称赞的。美国著名导演斯皮尔伯格曾说："我不懂中文，但_____，我看懂了《英雄》。"张艺谋导演运用黑、红、蓝、绿、白等色彩完美地体现了人物的感情，推动了故事的发展，向观众展示了视觉语言的力量。

（课文字数：930字）

3. 口碑　kǒubēi　N
reputation, word of mouth

4. 争议　zhēngyì　V
to dispute

5. 误导　wùdǎo　V
to mislead

1 根据课文内容，选择正确答案

（1）这篇课文最可能来自哪儿？
　　A 电影宣传广告
　　B 电影评论网站

C 其他导演的评价

（2）网友"洋洋"认为这部电影最值得肯定的是什么？

　　A 拍摄团队非常出色

　　B 加入不少风景元素

　　C 展示了人文和自然

（3）网友"小果"认为观众在看这部电影时最可能有什么感觉？

　　A 熟悉　　　　B 真实　　　　C 新鲜

（4）根据网友"小亿"的评论，下列关于《英雄》的说法哪项不正确？

　　A 是当年国内票房很高的电影

　　B 曾在"全球十大最佳电影"评选中排名第一

　　C 在西方媒体中的口碑和在西方的票房都不太好

（5）网友"白茶"的评论中有一句话："美国著名导演斯皮尔伯格曾说：'我不懂中文，但_____，我看懂了《英雄》。'"下列哪项适合出现在横线上？

　　A 通过其中的色彩表现

　　B 由于高超的拍摄水平

　　C 借助视觉语言的交流

2 根据课文内容，补充电影《英雄》的基本信息

片名：《英雄》　　　　　主演：李连杰
导演：_____　　　　时长：_____
上映时间：_____　　色彩：彩色
类型：_____　　　　语言：中文

3 根据课文内容，用简单的词句完成表格

网友	这部电影的问题	这部电影的优点
小熊猫		
白茶	内容不充实，历史不准确，容易误导观众	

（三）实况阅读

大众国际影城 2 月 19 日影讯（北京大众路店）

地址：北京市大众路 1 号大众购物中心 5 层

电话：010-88889999

营业时间：9:30—00:30

影片开始前 15 分钟停止售票

影院详情：

- 儿童票　　1.3 米以下儿童免费观影，无座，需大人陪同
- 停车　　　地下停车场，观影免费停车 3 小时
- IMAX　　**巨幕**
- 3D 眼镜　**免押金**

片名：《卧虎藏龙》
导演：李安　　　**主演**：周润发、杨紫琼
时长：120 分钟　　**类型**：动作 / 爱情

时间	版本	影厅	价格	余位	状态
10:30—12:30	3D 中文版	5 号厅	¥49.00	余位 0%	已售空
11:10—13:10	2D 中文版	16 号厅	¥39.50	余位 15%	选座购票
14:30—16:30	3D 中文版	8 号巨幕厅	¥68.00	余位 50%	选座购票
16:30—18:30	3D 中文版	1 号厅	¥49.00	余位 20%	选座购票
19:20—21:20	3D 中文版	6 号巨幕厅	¥75.00	余位 0%	已售空
20:40—22:40	3D 中文版	8 号巨幕厅	¥68.00	余位 18%	选座购票

第十一课 中国电影百年

1 判断对错（在括号中填"对""错"或"没提到"）

（1）电影在开场前随时可以去影院购票。（　　）

（2）如果观看时间超过3个小时，需要支付停车费用。（　　）

（3）低于1.3米的儿童可以免费观看电影，但需大人陪同。（　　）

（4）影院提供3D眼镜，押金在购买电影票时一起支付。（　　）

（5）下午场的《卧虎藏龙》电影票已售空。（　　）

2 快速从文中查找相关信息

（1）现在已经不能购买哪些场次的电影票了？
_____

（2）哪个场次的电影票余位最多？
_____

（3）如果不在意观影效果，看哪场电影比较便宜？
_____

（4）如果非常注重观影效果，16:00后可以看哪一场？
_____

第十二课　电子游戏去往何方

电子游戏已经走出专门的游戏室，进入千家万户，甚至成了很多人每日必不可少的娱乐方式。电子游戏，让人爱也招人恨，它为什么能够迅速普及？它在我们的经济生活、社会生活中扮演了怎样的角色？

第一部分：知识银行

（一）常用字

1　追　zhuī

形声字，由"辶"和"𠂤"（duī）两部分组成。由"辶"构成的汉字常表示"行走、跑"等意义。"追"的本义指"赶、紧跟着"。可独立成词，也常用作构词语素。

现代汉语中，"追"可以表示"赶、努力寻求"，还可以表示"回想""事后补充、补办"。

例：追求　追梦　追星族
　　追忆　追记　追思会
　　追加　追认

练习：选择合适的词语填空

A 紧追不舍　　B 追加　　C 追认　　D 追捧　　E 追悔莫及

（1）为了办好这次活动，在原有资金基础上，公司又_____了一部分资金。
（2）舍己救人的李先生去世后，当地政府_____他为"最佳市民"。
（3）这种自由自在的生活方式受到年轻人的_____。
（4）没有听从朋友的建议才导致现在的失败，真的让我_____。
（5）小偷儿一看情况不好马上往外跑，警察在后面_____。

第十二课 电子游戏去往何方

2 预 yù 預

形声字，左边的"予"表示读音，右边的"页"表示意义。"预"在古代汉语中常表示"安乐""事先"义。

现代汉语中，"预"的常用义为"提前、事先"。常用作构词语素，一般不单独使用。

例：天气预报　预订　预约　预感

练习：选择合适的词语填空

　　　　　A 预言　　B 预示　　C 预算　　D 预赛

（1）他在_____中表现不佳，未能进入决赛。
（2）这次活动一共花费1万元，超出了原来的_____。
（3）有科学家_____，到21世纪中期，地球上的一大批物种将会消失。
（4）电子游戏的发展_____着一种新的艺术形式即将成熟。

（二）常用书面词语

1 犹如：如同，好像。

（1）这个坏消息犹如晴天霹雳（pīlì，thunderbolt），令人震惊。
（2）母爱犹如阳光，温暖着孩子的心。

2 唯恐：只怕，就怕。

（1）他走路时一直低着头，唯恐遇见熟人。
（2）他唯恐父母知道他辞职的事。

（三）常用格式

1 就……而言：表示从某个方面来说。

（1）就收入而言，在大公司工作比在小公司工资高一些，但工作压力也大。
（2）去年全球电子游戏消费超过1000亿美元，就市场规模而言，远远高于电影票房。

2 如……一般：意思是"像……一样"。

（1）一阵大风过后，天阴得如黑夜一般。
（2）没有哪种艺术能够如游戏一般吸引全世界的人。

第二部分：技巧训练

技巧（二十三）：理解双重否定结构

汉语中常用两个否定词连用的方式表达肯定的态度，加强语气，如"不得不提到"意思是"一定要提到"，"不是不喜欢"意思是"喜欢"，"不是没去过"强调"去过"。类似的例子还有"未必不能……""无时无刻不……"等。阅读时应注意区分单个否定词和两个否定词连用时意义的不同，以及所体现的态度、语气之间的差别。

📝 练习：读句子，选择正确答案

（1）在某种程度上，我认为大家对她的评价虽说有些过分，但不无道理。

这些评价：

A 完全错误

B 完全正确

C 有对的地方

（2）这种病并非无药可治，只是花费的时间、金钱比普通疾病要多一些。

这种病：

A 不可能治好

B 有可能治好

C 非常容易治好

（3）在这家超市购物需携带会员卡，非会员不接待。

这家超市：

A 只有会员可以购物

B 购物会赠送会员卡

C 接待的会员非常多

技巧（二十四）：识别排比句并理解句子意思

排比句通常是指三个或三个以上意义、结构、语气相似的词组或句子并排在一起形成的句子。例如："书是钥匙，能帮我们打开智慧的大门；书是阶梯，能助我们登上理想的高峰；书是明灯，能为我们照亮未来之路。"这类句子在表述观点时更为清晰、有条理，在表达感情时也更加强烈。阅读时要注意识别排比句，识别出排比句有助于更好地理解文章的主要观点和其中所包含的感情，还可以通过排比句中的某些内容推知、猜测不熟悉的内容。

第十二课 电子游戏去往何方

📝 练习：根据上下文，完成句子

（1）艺术最重要的是自由——_____，能自由地创造，有自由的形式……
   A 要自由地想象
   B 关于享受自由
   C 自由发展机会

（2）学习过程中，即使遇到困难也不要害怕，即使_____也不要难过，即使感到不快也不要对自己失望。
   A 没有压力
   B 成绩不佳
   C 受到表扬

（3）真正的朋友是一本书，一本让你受益终身的书；是一束阳光，一束让你的生活充满温暖的阳光；_____。
   A 每天都让你感到非常快乐
   B 好像老师一样指引你走向成功，远离失败
   C 是一阵春风，一阵可以吹掉你满身疲惫的春风

第三部分：阅读实践

（一）精读

1 生词学习

1	主流	zhǔliú	N	mainstream	主流思想；非主流
2	抢夺	qiǎngduó	V	to snatch, to wrest	抢夺财物；抢夺市场
3	份额	fèn'é	N	share, portion	市场份额；占50%份额
4	追捧	zhuīpěng	V	to pursue and flatter	追捧偶像；受到追捧
5	资深	zīshēn	Adj	senior	资深教授；资深设计师
6	体验	tǐyàn	V	to experience	体验网络购物；体验农村生活
7	本质	běnzhì	N	nature, essence	人的本质；从本质上看
8	束缚	shùfù	V	to tie, to fetter	束缚思想；受到束缚

乐读 5

9	题材	tícái	N	theme, subject matter	历史<u>题材</u>的小说；<u>题材</u>广泛
10	虚拟	xūnǐ	Adj	virtual	<u>虚拟</u>世界；<u>虚拟</u>技术
11	直观	zhíguān	Adj	directly perceived through the senses	非常<u>直观</u>；<u>直观</u>感觉
12	互动	hùdòng	V	to interact	进行<u>互动</u>；积极<u>互动</u>
13	沉浸	chénjìn	V	to be immersed (in something)	<u>沉浸</u>在幸福中；<u>沉浸</u>其中
14	传承	chuánchéng	V	to impact and inherit	<u>传承</u>技术；<u>传承</u>下去
15	预示	yùshì	V	to forebode, to indicate	<u>预示</u>未来；<u>预示</u>祸福

2 热身练习

用本课生词替换画线词语

（1）由于竞争对手推出了新品，今年我们产品的市场<u>占有情况</u>不如往年。

（2）这款网游一上线，就受到了众多年轻女性的<u>喜爱</u>。

（3）虽然不是电子游戏职业选手，但他也有七八年的经验了，算得上是<u>资格比较老的玩家</u>。

（4）这项工作是否困难、复杂，<u>亲身尝试、经历</u>一下儿就知道了。

（5）他的服装设计思想非常自由、多样，从来不受任何<u>限</u>制。

3 课文：电子游戏去往何方

> 思考题：
> （1）电子游戏在现代人的生活中有没有价值？
> （2）作者认为电子游戏是不是一种艺术？为什么？

1 电子游戏自二十世纪七八十年代以来的飞速发展是人类历史上一个巨大的奇迹，很少有哪种娱乐形式能像它这样一出世就迅速地赢得年轻一代的狂热喜爱，并从电影、电视等强大的主流文化形式"手"中抢夺越来越多的市场份额。

第十二课 电子游戏去往何方

据统计，2019年全球游戏产业市场总值达1201亿美元。相比之下，同年度全球电影票房首次超过420亿美元，就市场规模而言，电影业已经被游戏业远远抛在后面。

2　二十世纪八十年代，电子游戏在中国曾经被当作小孩子的玩意儿，而且玩儿电子游戏还可能会被视为不务正业。但是在今天，人们能坦然地在公司午休时间分享最近玩儿网游的经历，犹如从前谈论观影的感受；社交媒体上也常常能看到好友分享的手游成绩；新的网游上市还会邀请明星进行广告宣传，并且可能很快受到一些玩家的追捧。

3　与此同时，在游戏者们中间，出现了要为电子游戏正名的呼声，甚至已经有人认为"第九艺术"诞生了——据说在艺术的大家庭里，电影排第七，电视是老八。电子游戏能算艺术吗？它在什么意义上可以被称为艺术？

4　直白地说，有的小说，读过就忘在脑后了；而一些电子游戏，多年后想起来却依然会激动人心，甚至有的资深玩家说一辈子最难忘的艺术感受是在游戏中得到的。这就是体验和参与的力量。很多艺术都是在我们之外的，而游戏却更能深入到我们的感受中。

5　艺术的本质到底是什么？几千年来人们对此争论不休。有一个游戏的名字给出了最好的答案——"第二人生"。艺术就是通过创造可能的人物与可能的世界，让人们超越真实世界，进行无限的想象，束缚越来越少。但在传统艺术中，世界是有限的，超越也是有限的。电子游戏的出现，仿佛使人获得了"第二次生命"。

6　不仅如此，电子游戏不断地从传统文学那里借用题材和表现手法，大量的文学名著，如《三国演义》《红楼梦》等都源源不断地被改编成电子游戏。另一方面，一种电子游戏走红后，会很快出现同名小说和电影。可以预见，未来一种艺术品可能会以更多样的形式展现在世人面前。

7　艺术最重要的是自由——要自由地想象，能自由地创造，有自由的形式……说到自由，这是电子游戏不可多得的优势，还没有哪种艺术形式能够如游戏一般自由。电子游戏用虚拟的现实，让艺术更直观、更清晰、更具互动性、

乐读 5

更让人沉浸其中，艺术也会在不断发展中永久传承下去。可以说，电子游戏的发展预示着一种新的艺术形式即将成熟。

（课文字数：945字）

本文改编自微信公众号"严峰老师"2017年9月22日文章《我们从游戏来，我们到游戏去》，作者严峰

▶ **第一步：通读课文，回答问题**

（1）电子游戏在现代人的生活中有没有价值？

_____

（2）作者认为电子游戏是不是一种艺术？为什么？

_____

▶ **第二步：细读课文，完成练习**

（1）关于电子游戏的发展，下列说法不正确的是： （第1段）

　　A 年轻人中十分流行　　　　B 是一种主流的文化形式

　　C 全球市场份额很大　　　　D 二十世纪后期发展迅速

（2）以前，人们对电子游戏的态度是： （第2段）

　　A 热爱　　　　　　　　　　B 怀疑

　　C 反对　　　　　　　　　　D 无所谓

（3）跟一般的艺术形式比，电子游戏的优势是： （第4段）

　　A 可以体验和参与　　　　　B 可以让人一辈子不忘

　　C 可以吸引名人和明星　　　D 可以改变人们对艺术的态度

（4）根据课文，一种电子游戏走红后，可能会出现的情况是： （第6段）

　　A 迅速退出市场　　　　　　B 出现同名电影

　　C 改变人们思想　　　　　　D 成为文学经典

（5）根据课文，作者认为电子游戏与艺术的关系是： （全文）

　　A 电子游戏破坏了艺术

　　B 电子游戏是艺术的一部分

　　C 艺术因为电子游戏降低了价值

　　D 艺术未来都会通过电子游戏的形式表现

第十二课 电子游戏去往何方

▶ **第三步：句义理解（读句子，判断意思理解是否正确）**

（1）据统计，2019年全球游戏产业市场总值达1201亿美元。相比之下，同年度全球电影票房首次超过420亿美元，就市场规模而言，电影业已经被游戏业远远抛在后面。（第1段）

意思是：2019年电影业比游戏业市场规模小。（　　）

（2）人们能坦然地在公司午休时间分享最近玩儿网游的经历，犹如从前谈论观影的感受。（第2段）

意思是：现在人们不太好意思谈论玩儿网游的经历。（　　）

（3）不仅如此，电子游戏不断地从传统文学那里借用题材和表现手法，大量的文学名著，如《三国演义》《红楼梦》等都源源不断地被改编成电子游戏。（第6段）

意思是：一些名著被改编成了电子游戏。（　　）

（4）电子游戏用虚拟的现实，让艺术更直观、更清晰、更具互动性、更让人沉浸其中，艺术也会在不断发展中永久传承下去。（第7段）

意思是：电子游戏是虚拟的，不如别的艺术形式吸引人。（　　）

▶ **第四步：词义理解**

（1）依照例子，写出下列词语的意思

例如：科技→<u>科学技术</u>

① 网游→_____　　④ 手游→_____

② 影视→_____　　⑤ 观影→_____

③ 同名→_____　　⑥ 名著→_____

（2）根据上下文，选择画线词语的意思

① 玩儿电子游戏还可能会被视为<u>不务正业</u>。（第2段）

　A 不能正常解决问题

　B 不知道作业的正确答案

　C 不做应该做的工作、事情

② 在游戏者们中间，出现了要为电子游戏<u>正名</u>的呼声。（第3段）

　A 变得更有名气

　B 找到正确的名字

　C 使名声和实际相符

③ 一种电子游戏走红后，会很快出现同名小说和电影。　　　（第6段）
　　A 走出困难　　　　　B 使用红色　　　　　C 变得出名、受欢迎

④ 说到自由，这是电子游戏不可多得的优势。　　　　　　　（第7段）
　　A 比较多　　　　　　B 很难得　　　　　　C 不可能

⑤ 电子游戏用虚拟的现实，让艺术更直观、更清晰、更具互动性、更让人沉浸其中。　　　　　　　　　　　　　　　　　　　　　　　　　　　　　（第7段）
　　A 游戏厅里　　　　　B 电子游戏中　　　　C 现实中

▶ **第五步：朗读课文**

（二）泛读

也说"电竞"

什么是"电竞"？

1　"电竞"是"电子竞技"的简称。所谓电子竞技，就是电子游戏比赛达到竞技水平的活动。如今有越来越多的人将其归入"运动"的范围内，认为电竞是一项把电子设备作为运动器械的、人与人之间的智力对抗运动。通过运动，可以锻炼和提高参与者的思考能力、反应能力和意志力，培养团队精神。

电竞的现状如何？

2　作为一项新兴体育项目，电竞在各个国家都越来越受重视。以中国为例，2003年，中国国家体育总局将电子竞技运动列为中国正式开展的第99个体育项目；在韩国，有专门的电竞协会，负责管理相关活动；美国排名前50的大学中已有近

生词：
1. 竞技　jìngjì　V
to compete

2. 器械　qìxiè　N
apparatus, instrument

3. 对抗　duìkàng　V
to confront

4. 意志　yìzhì　N
will

5. 协会　xiéhuì　N
association

1/3 的学校设立了与电竞相关的专业，供学生选择。

3　作为一项产业，全球电子竞技正处于高速发展时期。2019年全世界电竞营收达到9.51亿美元，其中北美占比37%，排在首位；中国第二，占比19%；韩国占比6%，居第三。大型电竞职业比赛所提供的奖金也十分丰厚，全球顶尖电竞联赛——Dota2国际邀请赛2019年奖金总额已达到4615万美元，冠军队获得了1584万美元的奖金。

谁在参与电竞？

4　据调查，在8～64岁的美国人中，有70%的人表示自己是视频游戏玩家，其中18%曾在线观看过或参加过电竞活动。在中国，电竞用户已超过2.2亿人，其中44%的用户为21～25岁的年轻人。在韩国，一项针对普通民众电竞认知度的调查结果显示，被调查者选择非常熟悉、基本了解两项的占45%，这说明，近一半的韩国人接触过电竞。

5　1986年，美国ABC频道通过电视直播了两个孩子玩儿电子游戏的过程，被视为电竞直播的开始。电竞用户除了日常娱乐玩儿游戏以外，也热衷于观看电竞赛事。据调查，去年全球用户观看电竞游戏视频的总时长超过60亿小时，这一数字可能将继续以每年20%左右的速度增长。

电竞是否有"泡沫"？

6　在全球电竞蓬勃发展的同时，也有专家认为，大量资金进入电竞行业，与若干年前的"互联网

6. 设立　shèlì　V
　　to set up

7. 丰厚　fēnghòu　Adj
　　abundant, ample

8. 直播　zhíbō　V
　　to live broadcast

9. 泡沫　pàomò　N
　　foam, bubble

10. 蓬勃　péngbó　Adj
　　vigorous, flourishing

乐读 5

泡沫"十分类似。另一方面，这项年轻的体育运动中，选手的职业寿命仅有5年左右，且从业的黄金年龄与上大学的时间几乎完全重合。如果没能打出成绩，选手未来的人生可能会面临很多困难。因此，电竞是否能像传统体育运动一样保持长久的生命力，还要拭目以待。

（课文字数：872字）

1 根据课文内容，选择正确答案

（1）关于"电竞"，下列说法不正确的是： （第1段）
    A 是一种运动   B 有很多好处
    C 属于单人活动   D 是电子游戏比赛

（2）2019年，世界上电竞营收排在第一位的是： （第3段）
    A 北美   B 亚洲   C 中国   D 韩国

（3）根据课文，美国视频游戏玩家的特点是： （第4段）
    A 以年轻人为主   B 年龄跨度很大
    C 都看过或参与过电竞   D 数量超过总人口的70%

（4）专家认为，"电竞泡沫"跟"互联网泡沫"类似，是因为： （第6段）
    A 关注的人太多   B 参与的人太年轻
    C 大量资金进入电竞行业   D 已经度过了发展的黄金时期

（5）对职业电竞选手来说，比较大的问题是： （第6段）
    A 收入低   B 成功难
    C 考不上大学   D 职业寿命短

2 读句子，猜测画线词语的意思

（1）如今有越来越多的人将其<u>归入</u>"运动"的范围内。（第1段）

（2）电竞用户除了日常娱乐玩儿游戏以外，也<u>热衷于</u>观看电竞赛事。（第5段）

（3）大量资金进入电竞行业，与<u>若干</u>年前的"互联网泡沫"十分类似。（第6段）

（4）选手的职业寿命仅有5年左右，且从业的黄金年龄与上大学的时间几乎完全<u>重合</u>。（第6段）

（5）电竞是否能像传统体育运动一样保持长久的生命力，还要拭目以待。（第6段）

3 讨论

你认为电竞行业是否存在"泡沫"？为什么？

（三）实况阅读

《风雨》网络游戏防沉迷系统说明

一、防沉迷机制

1. 18周岁以下的用户登录游戏，会受到游戏防沉迷系统监控。

2. 游戏仅在北京时间每周五、六、日及法定节假日的9:00到21:00向18周岁以下用户开放。

3. 12周岁以下用户于开放时段的北京时间20:00后无法登录游戏。

4. 系统通过身份证信息来判断用户年龄，决定是否进入防沉迷系统。

二、防沉迷提示

18周岁以下玩家开放时段累计在线时长达到一定时间，系统将给出提示，显示时间为20秒。

1. 累计在线时间达到1个小时，系统提示："您累计在线时间已满1小时，祝您游戏愉快！"

2. 累计在线时间达到2个小时，系统提示："您累计在线时间已满2小时，祝您游戏愉快！"

3. 累计在线时间达到3个小时，系统提示："您累计在线时间已满3小时，已经进入疲劳游戏时间，您的游戏收益将降为正常值的50%，请您尽快下线休息，适当做身体活动。"

4. 累计在线时间满4小时未满5小时，每30分钟系统提示："您已经进入疲劳游戏时间，游戏收益将降为正常值的50%。为了您的健康，请尽快下线休息，适当做身体活动，合理安排学习生活。"

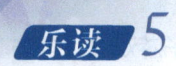

5. 当玩家累计在线时间达到 5 个小时后，所有游戏行为将不会获得任何数值奖励，并且每 15 分钟提示："您已进入不健康游戏时间，请您立即下线休息。您的收益已降为零，累计下线时间满 5 小时后，方可恢复正常。"

读后选择正确答案

（1）本文是一个：
  A 广告   B 说明
  C 新闻   D 合同

（2）在本文中，"防沉迷"的意思是：
  A 防止人们在城市迷路   B 防止身份证信息丢失
  C 防止未成年人网络购物   D 防止玩儿游戏的时间过长

（3）根据课文内容，哪类人在游戏时长方面受到的影响最大？
  A 12 岁以下   B 16 岁以下
  C 18 岁以下   D 20 岁以下

（4）关于系统提示，下列说法正确的是：
  A 每 1 小时出现一次
  B 每次显示时长一样
  C 连续在线 1 小时后开始出现
  D 出现的提示内容都是一样的

（5）根据课文内容，下列说法不正确的是：
  A 登录该系统需要身份证
  B 疲劳游戏时间收益降低
  C 该系统会记录上线时间
  D 登录 5 小时后自动下线

阶段测试（二）

一、完形填空

1

　　生活中人们可能会遇到一些麻烦、困难，甚至不幸，比如失恋、学业不顺、工作不顺等。作为朋友，我们会想__(1)__他们，那么这时候就要特别注意方式方法了。第一，最好不要只说"加油""相信自己"等空话，这对解决问题__(2)__帮助；第二，要先让朋友充分__(3)__自己的心情和感受，再说你的意见和建议；第三，分清"抱怨"和"寻求帮助"，有时候朋友只是想找人说说话，那么你就静静听吧，说太多__(4)__不好。

　　（1）A 安慰　　　　B 怜悯　　　　C 解决　　　　D 缓解
　　（2）A 不无　　　　B 毫无　　　　C 并未　　　　D 格外
　　（3）A 说服　　　　B 表达　　　　C 指出　　　　D 评论
　　（4）A 相反　　　　B 否则　　　　C 违反　　　　D 反倒

2

　　赵女士是典型的"只租不买"的消费者，她向记者介绍了"租"给她带来的便利。__(1)__一辆20万的车为例，最多可以开10年，加上平时的费用，一个月要花费超过3000块；但__(2)__长期租车，不需要交保险费、保养费等，每月能__(3)__1000元左右，还能经常选择不同款式的车，假期把车还回租车公司，又少花一笔钱。不光租车，赵女士还租花，每周有人负责到家里照顾这些花，花期过后还可以免费更换其他植物。这样既保证了有花可赏，又避免了植物生病、枯萎带来的__(4)__。

　　（1）A 于　　　　　B 把　　　　　C 以　　　　　D 将
　　（2）A 万一　　　　B 倘若　　　　C 即使　　　　D 尽管
　　（3）A 损失　　　　B 节省　　　　C 负担　　　　D 承受
　　（4）A 盈利　　　　B 厌倦　　　　C 困扰　　　　D 打扰

3

有研究者认为，人类的早餐相对固定，但是晚餐多变，这是从远古时期　(1)　下来的习惯。很多人早上倾向于选择熟悉的包子、面包、豆浆、牛奶等作为早点，是因为经过长期实践，这类食物安全、可靠，既可以让身体充满　(2)　，又不会给肠胃造成　(3)　。晚饭人们更热衷于吃点儿新鲜、丰富的东西，这不仅仅是因为晚上不需要工作，时间比较　(4)　；也是因为远古时期，人类获取食物的　(5)　少，劳动一天以后得到什么就吃什么，食物比较多样化。久而久之，就形成了一些人类共通的饮食规律。

(1) A 体现　　　　B 传承　　　　C 分享　　　　D 采取
(2) A 档次　　　　B 激励　　　　C 要素　　　　D 活力
(3) A 拘束　　　　B 争议　　　　C 负担　　　　D 误导
(4) A 充足　　　　B 丰厚　　　　C 闲置　　　　D 多余
(5) A 概率　　　　B 渠道　　　　C 主流　　　　D 题材

4

熬夜不但会增加人们患高血压、心脏病等疾病的风险，也会严重影响情绪。科学家研究发现，足够的睡眠与良好的情绪　(1)　。熬夜会造成"睡眠缺失"，很容易　(2)　紧张、焦虑等精神状况，判断能力也会　(3)　下降；长期缺觉则会降低大脑对情绪的控制能力。简单地说，就是熬夜之后人们感知不到自己的情绪，也控制不了不良情绪，　(4)　不知道自己在做什么。如果这种情况发展下去，　(5)　。因此，科学家建议，尽量在晚上11点之前入睡，同时避免手机、电脑等电子设备的干扰，保证身体的正常休息。

(1) A 一样　　　　B 一旦　　　　C 相关　　　　D 相当
(2) A 突出　　　　B 启发　　　　C 导致　　　　D 以致
(3) A 随之　　　　B 随便　　　　C 随意　　　　D 跟随
(4) A 甚至　　　　B 尽管　　　　C 难以　　　　D 从而
(5) A 情绪良好　　　　　　　　　B 大脑反应将加快
　　C 会干扰手机、电脑设备　　　D 就会引起神经系统的疾病

二、排列句子顺序

1. A 更希望让工作和生活彼此分开
   B 因此宁可少拿一点儿工资，也不愿意长时间加班
   C 现在的年轻人与父辈相比，更注重生活的舒适性
   _____

2. A 其中，打分、一句话评论最受人们青睐
   B 与报纸、杂志上长篇大论的电影评论相比
   C 互联网时代的影评呈现出短小、简洁的特征
   _____

3. A 它应该既是制作精良的娱乐工具
   B 又是可以推广的优秀文化产品
   C 游戏的本质是在娱乐中开发智力
   _____

4. A 这带动了金融机构商业投资的不断进入
   B 从今年开始，二手物品交易慢慢火了起来
   C 这些资金支持下的各种交易平台也逐渐进入消费者的视野
   _____

5. A 做事不要三心二意、没有先后
   B 专心才是有效利用时间的关键因素
   C 因为这会耗费大量脑力，浪费很多时间
   _____

三、读后回答问题

1. 这种专门售卖咖啡的自动售货机虽然容量大、损坏的概率小，但是制造和维护成本高、占地面积大、对周边环境的要求也比较高，因此销量一般。

   ✱ 这种自动售货机怎么样？
   A 很受欢迎　　　B 销量很大　　　C 容易损坏　　　D 只卖咖啡

2. 网上买书存在一定的风险，因为只能在线看到图片和简单的介绍，书里的内容究竟怎么样是不清楚的，有时候书送到家才发现不如网上说的好，这时想要退换会很麻烦。

✽ 为什么网上买书有一定的风险？

A 退换很贵　　　　　　　　　　B 没有图片

C 印刷不清楚　　　　　　　　　D 不能看内容

3. 音乐治疗属于心理学范畴，它运用音乐活动的各种形式，包括听、唱、演奏等，帮助被治疗者达到康复的目的，目前主要应用于学习障碍、神经损伤等疾病的治疗。

✽ 音乐治疗是什么？

A 是医生常用的手段　　　　　　B 是主要针对老人的方法

C 是一种心理学的治疗方法　　　D 只通过听音乐治疗疾病的手段

4. 入耳式耳机直接将音乐送至耳朵内部，减少了声音在传输中的损失；同时通过特殊造型的橡胶套填充耳道，起到了降低外部噪声的作用，保证使用者能得到更多的声音细节，享受更生动的真实声音。

✽ 入耳式耳机的好处是什么？

A 耳朵更舒适　　　　　　　　　B 声音更真实

C 没有外部噪声　　　　　　　　D 声音没有损失

5. 不论是情感问题、工作压力，还是家庭烦恼都可能导致情绪不佳，这时就应该主动调整情绪，将其往积极的方面改进。情绪出现波动时，跟关系密切且心态好的人倾诉、保持健康的饮食和作息、转移注意力或者独自发泄一番都是改善情绪的可选之路。

✽ 关于情绪不佳的问题，下列哪种说法正确？

A 主要原因是情感问题　　　　　B 可以通过调整而改善

C 心态好的人很少发生　　　　　D 最好增加独处的时间

四、选出与段落意思一致的一项

1. 如果仅仅使用电脑处理文字、浏览网页、进行简单的娱乐活动，而不是进行软件设计等复杂工作，那么购买一台轻薄的笔记本电脑是比较合适的。这类笔记本电脑性能没有那么突出，但是价格相对便宜，可以满足日常使用需求。

A 处理文字的方法　　　　　　　　　B 轻薄笔记本电脑的特点
C 休闲娱乐的方式　　　　　　　　　D 修理笔记本电脑的技巧

2. 很多动画电影之所以不卖座，很大的原因是故事情节太简单，没有很好地研究并反映孩子成长过程中的心理状态。其实孩子的理解力并不低，情感世界也很丰富，但很多动画电影只表现孩子的无知、幼稚和调皮，很难吸引小朋友，也无法引起成人的兴趣。

A 动画电影的票房情况　　　　　　　B 成年人感兴趣的动画片
C 儿童成长各个阶段的特点　　　　　D 一些动画电影不受欢迎的原因

3. 一般来说，一个成年人一天掉50～60根头发属于正常现象；如果一天掉头发超过100根，且持续2～3个月，就要尽快就医。日常生活中，缺乏维生素、精神压力大、过度使用染发烫发用品、身体出现病变等均可能引起脱发。因此，多吃蛋白质含量高、维生素丰富的食品，保持正常作息，对养护头发、防治脱发有比较好的效果。

A 脱发的严重性　　　　　　　　　　B 维生素的重要性
C 精神压力大的后果　　　　　　　　D 脱发的原因及防治方法

4. 市场调查结果显示，非正餐时段外卖订单量进一步提高。午餐和晚餐正餐时段订单比例下降4%，而早餐和夜宵订单比例则各上升两个百分点。专家认为，随着人们点外卖习惯的养成，未来非正餐时段将出现更好的商机。经营正餐的商户，可以增加经营种类，增设早餐、夜宵品种，尤其是要把握好夏季夜宵消费者数量大涨的时机。

A 如何促进餐饮商户经营　　　　　　B 人们有什么饮食习惯
C 外卖经营种类有何变化　　　　　　D 怎样吸引年轻消费者

5. 幸福是什么？简单地定个标准——幸福不是无所作为，也不是忙忙碌碌，而是量力而为，过自己想要的生活，做自己喜欢做的事情。不要给幸福设定太多，平淡、真实、普通，或许就是一种幸福。

A 工作和幸福的关系　　　　　　　　B 人什么时候最幸福
C 过自己喜欢的生活就是幸福　　　　D 只有过平淡的生活才幸福

附 录

语法术语缩略形式一览表

缩略形式 Abbreviations	英文名称 Grammar Terms in English	中文名称 Grammar Terms in Chinese
Adj	Adjective	形容词
Adv	Adverb	副词
Conj	Conjunction	连词
IE	Idiomatic Expression	习惯用语
M	Measure Word	量词
N	Noun	名词
Nu	Numeral	数词
PN	Proper Noun	专有名词
Prep	Preposition	介词
Pron	Pronoun	代词
Pt	Particle	助词
Q	Quantifier	数量词
V	Verb	动词
VC	Verb plus Complement	动补式动词
VO	Verb plus Object	动宾式动词

生词表

	A	
安慰	ānwèi	7
	B	
百姓	bǎixìng	11
报道	bàodào	5
背景	bèijǐng	4
被迫	bèipò	10
本领	běnlǐng	4
本身	běnshēn	5
本质	běnzhì	12
比例	bǐlì	9
比拟	bǐnǐ	5
便利	biànlì	5
标志	biāozhì	11
不可或缺	bùkě-huòquē	10
部门	bùmén	1
	C	
采取	cǎiqǔ	8
常规	chángguī	1
畅销	chàngxiāo	4
钞票	chāopiào	5
沉浸	chénjìn	12
沉迷	chénmí	6
成本	chéngběn	8
承担	chéngdān	10
承认	chéngrèn	6
持续	chíxù	7

充实	chōngshí	9
冲击	chōngjī	11
出身	chūshēn	8
传承	chuánchéng	12
创新	chuàngxīn	8
此外	cǐwài	2
刺激	cìjī	4
措施	cuòshī	10
	D	
待遇	dàiyù	7
贷款	dàikuǎn/dài//kuǎn	9
单纯	dānchún	11
诞生	dànshēng	1
挡	dǎng	6
档次	dàngcì	9
导致	dǎozhì	6
倒闭	dǎobì	10
地位	dìwèi	5
颠倒	diāndǎo	3
独立	dúlì	1
对方	duìfāng	7
对抗	duìkàng	12
对象	duìxiàng	8
蹲	dūn	7
多余	duōyú	11
	F	
发泄	fāxiè	7

发行	fāxíng	5
凡是	fánshì	7
反应	fǎnyìng	3
反映	fǎnyìng	8
方案	fāng'àn	2
妨碍	fáng'ài	5
仿佛	fǎngfú	10
放弃	fàngqì	1
废除	fèichú	1
费解	fèijiě	10
分享	fēnxiǎng	7
份额	fèn'é	12
丰厚	fēnghòu	12
风格	fēnggé	2
讽刺	fěngcì	6
幅度	fúdù	10
负担	fùdān	9

G		
改革	gǎigé	1
概率	gàilǜ	10
概念	gàiniàn	2
格外	géwài	8
个性	gèxìng	1
功绩	gōngjì	2
功能	gōngnéng	6
宫殿	gōngdiàn	4
共鸣	gòngmíng	3
挂钩	guà//gōu	10
关键	guānjiàn	4

观念	guānniàn	9
规律	guīlǜ	10

H		
含有	hányǒu	5
合同	hétong	9
宏大	hóngdà	11
呼吸	hūxī	3
互动	hùdòng	12
怀旧	huáijiù	4
缓解	huǎnjiě	3
谎称	huǎngchēng	8
汇集	huìjí	6
活力	huólì	8
火爆	huǒbào	4

J		
机构	jīgòu	1
肌肉	jīròu	3
积蓄	jīxù	1
激励	jīlì	10
计算	jìsuàn	9
技巧	jìqiǎo	4
佳作	jiāzuò	11
价值	jiàzhí	4
简称	jiǎnchēng	1
建立	jiànlì	4
交替	jiāotì	4
交易	jiāoyì	9
角度	jiǎodù	7
接触	jiēchù	6

结合	jiéhé	2
届	jiè	1
进程	jìnchéng	2
颈椎病	jǐngzhuībìng	6
净化	jìnghuà	5
竞技	jìngjì	12
拘束	jūshù	11
据悉	jùxī	5
捐赠	juānzèng	1
角色	juésè	11
崛起	juéqǐ	10

K		
开发	kāifā	4
考察	kǎochá	7
刻意	kèyì	3
空前	kōngqián	11
口碑	kǒubēi	11
夸张	kuāzhāng	3

L		
来源	láiyuán	2
里程碑	lǐchéngbēi	11
理财	lǐ//cái	10
利息	lìxī	9
怜悯	liánmǐn	10
猎头	liètóu	8
流通	liútōng	5

M		
媒体	méitǐ	6
模仿	mófǎng	3
模式	móshì	10

N		
耐用	nàiyòng	5
宁可	nìngkě	8

O		
偶然	ǒurán	4

P		
排行榜	páihángbǎng	1
泡沫	pàomò	12
培养	péiyǎng	1
蓬勃	péngbó	12
票房	piàofáng	11
瞥	piē	3
频繁	pínfán	3
评估	pínggū	9
评价	píngjià	1
评选	píngxuǎn	5
屏幕	píngmù	6

Q		
期待	qīdài	6
器械	qìxiè	12
强调	qiángdiào	4
抢夺	qiǎngduó	12
倾向	qīngxiàng	10
情形	qíngxíng	3
求职	qiúzhí	8
渠道	qúdào	8

R		
热衷	rèzhōng	7

人文	rénwén	1		体验	tǐyàn	12
认知	rènzhī	3		替代	tìdài	5
日益	rìyì	11		调整	tiáozhěng	3

S

设备	shèbèi	11
设立	shèlì	12
设置	shèzhì	8
伸展	shēnzhǎn	3
深入	shēnrù	11
审美	shěnměi	4
时代	shídài	9
事故	shìgù	6
收藏	shōucáng	9
收益	shōuyì	10
首饰	shǒushì	9
术语	shùyǔ	10
束缚	shùfù	12
数据	shùjù	10
双刃剑	shuāngrènjiàn	5
思维	sīwéi	10
松弛	sōngchí	3
搜索	sōusuǒ	8
塑造	sùzào	2
损害	sǔnhài	3

T

倘若	tǎngruò	10
提示	tíshì	6
题材	tícái	12
体积	tǐjī	6
体现	tǐxiàn	7
跳蚤	tiàozao	9
统一	tǒngyī	5
投	tóu	8
投资	tóu//zī/tóuzī	9
透露	tòulù	9
透明	tòumíng	6
突出	tūchū	2
推动	tuī//dòng	2
拓展	tuòzhǎn	2

W

威胁	wēixié	6
违背	wéibèi	2
未必	wèibì	7
位置	wèizhì	9
无时无刻	wúshí-wúkè	5
误导	wùdǎo	11

X

细胞	xìbāo	3
闲置	xiánzhì	9
显然	xiǎnrán	6
现场	xiànchǎng	6
限度	xiàndù	4
消极	xiāojí	7
协会	xiéhuì	12
欣慰	xīnwèi	6
行驶	xíngshǐ	5
行为	xíngwéi	6

形象	xíngxiàng	4
虚假	xūjiǎ	8
虚拟	xūnǐ	12
续集	xùjí	4
学历	xuélì	8
训练	xùnliàn	4

Y

延伸	yánshēn	11
掩饰	yǎnshì	2
厌倦	yànjuàn	10
要素	yàosù	11
依赖	yīlài	6
移动	yídòng	6
抑制	yìzhì	3
意志	yìzhì	12
隐形	yǐnxíng	5
应对	yìngduì	3
盈利	yínglì	10
永恒	yǒnghéng	5
优势	yōushì	9
玉器	yùqì	9
预示	yùshì	12
原版	yuánbǎn	4
原材料	yuáncáiliào	5

Z

占地	zhàndì	1
占据	zhànjù	11
招聘	zhāopìn	8
哲学家	zhéxuéjiā	2
真理	zhēnlǐ	1
震撼	zhènhàn	2
争议	zhēngyì	11
整体	zhěngtǐ	8
症状	zhèngzhuàng	3
直播	zhíbō	12
直观	zhíguān	12
制定	zhìdìng	8
制品	zhìpǐn	5
智力	zhìlì	4
中介	zhōngjiè	9
中奖	zhòng//jiǎng	10
主流	zhǔliú	12
主演	zhǔyǎn	11
转让	zhuǎnràng	9
撰写	zhuànxiě	2
装修	zhuāngxiū	9
追捧	zhuīpěng	12
追求	zhuīqiú	8
卓越	zhuóyuè	2
咨询	zīxún	9
资格	zīgé	1
资金	zījīn	5
资深	zīshēn	12
字母	zìmǔ	2
综合征	zōnghézhēng	3
阻止	zǔzhǐ	3
坐落	zuòluò	1

版权声明

《乐读——国际中文阅读教学课本》是一套中文阅读教材，其中部分课文是在真实文本的基础上改写而成的。由于时间、地域等多方面的原因，我们在无法与权利人一一取得联系的情况下使用了有关作者的作品，同时因教学需要，对作品进行了细微调整。尽管我们力求忠实于原作品，但仍可能使作品失去一些原有的光彩。对此，我们深表歉意并衷心希望得到权利人的理解和支持。另外，有些作品由于无法了解作者的信息，未署作者的姓名，请权利人谅解。希望原作者与我们联系。

编　者